「探究」と「概念」で
学びが深まる！

中学校・高等学校国語科
国際バカロレアの
授業プラン

中村純子・関 康平 編著

明治図書

はじめに

　本書は，国際バカロレア中等教育プログラム（MYP）「言語と文学」において，どのような授業が行われているのかを紹介する本です。前作『「探究」と「概念」で学びが変わる！中学校国語科　国際バカロレアの授業づくり』に続く，第2弾です。

　前作では，国際バカロレアがどのような使命や理念をもって教育を行っているのか，また「言語と文学（日本でいう国語）」の授業づくりをどのように行っているのか，という点について，国際バカロレアの公式ガイドをもとに解説し，海外のインターナショナルスクールでの実践を中心に紹介していきました。

　前作が「理論編」だとすれば，本書は「実践編」にあたります。

　近年では，国内でも国際バカロレア認定校・候補校の数が増えてきました。また，それらの学校で多くの先生方の努力と工夫により，様々な実践が積み上げられてきています。

　本書では，その一部をご紹介することで，国際バカロレア「言語と文学」の実際の授業内容や，これまでの「国語」との共通点や相違点などをお伝えできればと考えています。

　国際バカロレアの授業づくりにおいて重要になってくるのが「探究」と「概念」です。国語の授業の中でどのような「探究」を行っていくのかについては，これまでにも多くの本が出ていますが，「概念」をどのように扱うのかについて言及している本はまだ多くありません。本書をご覧になっていただき，それぞれの単元の中で「概念」がどう位置づけられ，活用されているのかに注目してみてください。同じ「概念」でも多彩なアプローチがあり，学年を追って探究テーマが深まっていくことが，お分かりいただけるでしょう。

　国際バカロレアMYPは，11歳から16歳までを対象としたプログラムです。国内では，中学校と高校1年生に該当します。本書に掲載されている実践にも，それぞれ中学校から高校1年生までの対象学年を掲載していますが，それはあくまで目安です。学校や子どもたちの状況に合わせて，様々な学年で実践することができます。

　本書は，中学・高校で国語を教えている先生方を主な読者として想定しています。国際バカロレア校だけでなく，どの学校でも活用できる「主体的・対話的で深い学び」を促す授業づくりのヒントが盛り込まれています。ぜひご活用ください。

　また，これから国際バカロレアの学校で働きたい，国際バカロレアを研究したいという大学生・大学院生の方にも手に取っていただきたいと考えています。本書が今後の国語教育を考える上での一助になれば幸いです。

2021年10月

中村　純子・関　康平

Contents

第1章 国際バカロレアの授業づくり

第2章 重要概念「ものの見方」で深める学び

第3章 重要概念「創造性」で深める学び

Contents

本書の使い方

　本書は，第1章で授業づくりの基本的な考え方や，国際バカロレアのプログラムで用いられる用語についての解説を行っています。国際バカロレアについてまだあまりよく知らない，という方は，まずはこちらからお読みください。

　ただしページ数の関係で，ごく簡単な解説にとどまっています。より詳しくお知りになりたい方は，前作『「探究」と「概念」で学びが変わる！中学校国語科　国際バカロレアの授業づくり』（明治図書，2019年）をご覧ください。

　第2章から第5章では，具体的な授業実践事例を重要概念ごとに分けて掲載しています。

　国際バカロレア中等教育プログラム「言語と文学」ではどのような授業を行っているのか，また生徒がどのような課題に取り組んでいるのかについて紹介しています。それぞれの単元の中に様々な要素がありますので，ご自身の授業で使えそうなポイントをぜひ見つけていただければと思います。

　授業実践事例では，まずユニットプランナー（単元計画書）を示し，そのあとに授業の様子を紹介するという形をとっています。

　以下，それぞれの節でどのような内容を書いているのかについて説明します。

1　ユニットプランナー

　単元の計画書です。日本でいう学習指導案にあたりますが，フォーマットが大きく異なります。国際バカロレアのプログラムでは「探究」と「概念」が重視されるため，どのような概念を用いて，どのような探究を行うのかについて事前に計画し，書面にする必要があります。実際にはそれぞれの学校でフォーマットは異なり，またもっと詳しく書くのですが，本書では読みやすさを考えて，中心となる部分のみ略案として掲載しています。

重要概念	関連概念	グローバルな文脈
すべての教科で 用いることのできる概念	教科の学びに関連する概念	実社会との関わりを 考えるためのキーワード
探究テーマ		
その単元を通して生徒がどのような概念的理解を得るのかについて簡潔に書く。		
探究の問い		
単元を通して生徒が学びを深めていくために，事実的問い／概念的問い／議論的問い，3つの種類の問いを用意する。		
評価のための課題と評価規準		
どのような課題で評価を行うのか，またどの評価規準を用いるのかについて書く。		

ATL
学習の方法（Approach to Learning）のうち，単元を通してどのスキルを主に伸ばすのか，また単元の内容とどう関わるのかを書く。
学習者像
10の学習者像のうち，単元を通してどの学習者像に近づくのか，また単元の内容とどう関わるのかを書く。
学習指導要領との関連
一条校として，単元の内容は学習指導要領のどの部分に該当するのかを示す。

2　ユニットのねらい

　授業担当者がその単元を計画した意図や，生徒に身につけてほしいことについて解説しています。国際バカロレアのプログラムでは「探究」と「概念」を中心とした授業づくりを行います。そのため，ねらいの中でも，単元の中でどのような探究を行うのか，単元の学びや課題を通して生徒がどのような概念理解を得るのかについて説明しています。

3　学習プロセス

　日本の学習指導案のスタイルに準じて，単元の中で学びがどのように進んでいくのかについて示しています。

4　授業の様子

　実際の授業の様子を，いくつかの項に分けて解説しています。ただ学習活動を紹介するだけでなく，それぞれの学習活動でどのような「探究」を行っており，それがどう「概念」の理解につながっているかという点について言及するようにしています。

5　成果物とその評価

　生徒がどのように学習スキルを伸ばし，どのような概念理解を得たのかを見取るために，様々な課題が行われます。その課題について生徒がどのような成果物を完成させたのか，またそれを国際バカロレアの規準に照らしてどのように評価したのかについて，実際に生徒の成果物の例を取り上げながら解説しています。

6　振り返りと学びの広がり

　「言語と文学」の単元は，それ1つで完結するものではありません。単元終了時点で生徒はどのような理解に到達したのか，それが次のどのような学びにつながるのかについて，授業担当者が振り返っています。

第 1 章
国際バカロレアの
授業づくり

国際バカロレアのプログラムは，概念を使って深い理解を促すことを目指しています。

MYP（Middle Years Programme）では，初めての先生でも，概念型の授業づくりができるように設計されています。

本章ではその仕組みと，背景の理論を解説していきます。

1 MYP「言語と文学」解説

はじめに，国際バカロレアの授業づくりを学ぶ上での基本的な考え方，用語の解説を行います。国際バカロレアについてあまりよく知らないという方は，この内容をふまえた上であとの授業実践事例を読んでいただくと，内容が理解しやすくなると思います。

国際バカロレアとは何か

国際バカロレア（以下，ＩＢ）とは，世界中で行われている共通の教育プログラムです。ＩＢの使命では「多様な文化の理解と尊重の精神を通じて，より良い，より平和な世界を築くことに貢献する，探究心，知識，思いやりに富んだ若者の育成」[注1]が目的に掲げられています。

そのために，ＩＢでは目指すべき姿を具体的なモデルとして示しています。「ＩＢの学習者像」と呼ばれるものです。

〈ＩＢの学習者像〉[注2]

探究する人	心を開く人
知識のある人	思いやりのある人
考える人	挑戦する人
コミュニケーションができる人	バランスのとれた人
信念をもつ人	振り返りができる人

このモデルは学校全体で共有されており，授業や学校行事など様々な場面で用いられています。教師が授業を設計する際には，ねらいとする学習者像を定め，その学習者像に近づくために有効な学習活動は何かを意識しながら授業設計をしていく必要があります。

ＩＢには，年齢や内容に合わせて複数のプログラムがあります。

○プライマリー・イヤーズ・プログラム（ＰＹＰ）…3歳～12歳対象。

○ミドル・イヤーズ・プログラム（ＭＹＰ）…11歳～16歳対象。

○ディプロマ・プログラム（ＤＰ）…16歳～19歳対象。2年間履修し，最終試験で一定の成績を収めると，大学入学資格（ディプロマ）が取得できる。

○キャリア関連プログラム（ＣＰ）…16歳～19歳対象の，職業につくためのプログラム。

一条校では，主に小学校でＰＹＰ，中学校と高校1年生がＭＹＰ，高校2年生と3年生がＤＰにあたります。

ＩＢでは教科名が異なる場合があるので注意が必要です。中学校の「国語」にあたる教科は，ＭＹＰでは「言語と文学」という名称です。文字通り「言語（第一言語）」の使われ方や「文学」について探究する科目です。

本書では，国内のＩＢ校においてＭＹＰ「言語と文学」として，またはＤＰの前段階として行われた授業実践事例を掲載しています。「国語」の授業とどこが共通しているのか，またどのように異なるアプローチをとっているのか，ぜひその点に注目しながらお読みください。

授業づくりの基本

　ＩＢの授業づくりの基本は，本書のタイトルにもあるように「探究」と「概念」です。

　「探究」に関しては，新しい学習指導要領をはじめ様々なところで言われるようになりました。ＩＢでは教師の「指導の方法」の一番目に「探究に基づいていること」[注3]を掲げています。ＩＢに関わるすべての教師に，授業の中心を探究に置くように求めているのです。

　「概念」を基盤とした学習は，日本ではまだあまり広まっていないアプローチです（ＩＢの授業づくりが分かりにくい要因もここにあります）。

　ごく単純に，ここでは授業のねらいの違いに限定して説明しましょう。

　授業を設計する際，教師は生徒に身につけてほしいことを想定します。例えば，漢字，文法，文学史，古典の読み方などの知識を覚えてほしいと思って計画したとしましょう。これは「知識ベース」の授業，ということになります。また，意見文が書ける，小説の内容が理解できる，クラスの前でプレゼンテーションができるなど，生徒にこんなことができるようになってほしいと期待して計画を立てたとします。この場合は「スキルベース」の授業と言えます。

　ＩＢでは「知識ベース」「スキルベース」に加えて，生徒自身が学習内容について「概念ベース」で理解することをねらいにします。ここが一般的な国語の授業づくりと大きく異なるところです。

　エリクソンによれば，概念とは「ａ）時を超越している，ｂ）１～２語の単語か短いフレーズで表される，ｃ）普遍的かつ抽象的（程度は異なるが）である」という性質をもつ[注4]とされています。つまり，単に知識の暗記や教材についての理解で終わるのではなく，もっと広くて深い理解へと生徒を導くことがねらいとなるのです。国語（言語と文学）の文脈に当てはめて言えば，言葉そのもの，文学，メディアなどがもつ性質や特徴についての理解ということになるでしょう。

　知識やスキルを軽視するわけではありません。それらを十分に身につけた上で，さらに深い学び，深い理解へ生徒を導こうとしているのです（この点で，新しい学習指導要領の「見方・考え方」「学びに向かう力，人間性等」に通じます）。

　「言語と文学」ではどのようなねらいを設定し，それを達成するためにどのような授業を組んでいるのかは，ぜひこのあとの授業実践事例を読んでご確認ください。

ユニットプランナー

　ＩＢでは，授業を設計する際にユニットプランナー（単元計画書）を作成します。日本でいう指導案にあたります。ただし，「探究」と「概念」を中心とした学習を行うことが目標ですから，書き方は日本の指導案とは大きく異なります。

　ＩＢ独特の用語の解説も交えながら，ユニットプランナーの見方を説明していきます。

◆重要概念

　すべての教科で用いることのできる汎用性のあるキーワードが，16の「重要概念」です。教師は，このリストの中から１つを選び，どのような単元にしようか計画します。重要概念を常に意識することで，知識ベース，スキルベースにとどまらない，概念理解を目標にした単元をつくることができます。また，重要概念をもとにして他教科と連携した学習を行えるという利点もあります。「言語と文学」では主に「ものの見方」「コミュニケーション」「創造性」「つながり」の４つが用いられます。

〈重要概念〉注5

美的感性	変化	コミュニケーション	共同体
つながり	創造性	文化	発展
形式	グローバルな関わり	アイデンティティー	論理
ものの見方	関係性	システム*	時間，場所，空間

◆関連概念

　各教科に関する概念的なキーワードです。「言語と文学」では，以下の12の関連概念が示されています。この概念を意識させることで，教科の学習を通した概念理解に生徒を促すことが可能です。

〈関連概念〉注6

受け手側の受容	登場人物	文脈	ジャンル
テクスト間の関連性	視点	目的	自己表現
設定	構成	スタイル（文体）	テーマ

◆グローバルな文脈

　学びを教室の中だけでなく，実社会とのつながりで捉えるための観点，それをＩＢでは「グローバルな文脈」と呼んでいます。以下の６つの観点のどれを選ぶかで，生徒への問いかけや学習課題の内容が変わってきます。生徒にとっても，今，学んでいることは何のためなのか理

解しやすくなるという利点があります。

〈グローバルな文脈〉^{注7}

アイデンティティーと関係性	空間的時間的位置づけ	個人的表現と文化的表現
科学技術の革新	グローバル化と持続可能性	公平性と発展

◆探究テーマ

　単元のねらいにあたる記述です。ただし先ほども述べたように「探究」と「概念」が授業づくりの基盤となるため，ねらいもそれに即した書き方になります。単元全体を通して生徒がどのような探究を行うのか，単元が終わったあとに生徒はどのような概念理解を得るのかということについて，簡潔な文で表現します。

　その際，知識ベース（教材ベース），スキルベースの記述にならないように気をつける必要があります。国語の指導案では，教材名がそのまま単元のタイトルになっていたり（「走れメロス」「羅生門」など），「書く力を身につける」のようにスキルベースのねらいを書いたりすることがよくあります。ＩＢのユニットプランナーでは概念を基盤にしているため，単元のタイトルやねらい（探究テーマ）も抽象的・一般的な記述になります。

　「重要概念」「関連概念」「グローバルな文脈」のキーワードをふまえた探究テーマを考えることで，「概念的で」かつ「教科の学習に即して」かつ「実社会とのつながりのある」ねらいを設定することを目指します。

　探究テーマは，単元全体を貫くステートメントであり，とても重要です。教材選びや，学習活動はこのテーマに沿って選択されます。また，評価のための課題や生徒自身の振り返りも，このテーマに即した形で実施されます。逆に言えば，ここが一貫していない単元では，生徒の学びの効果はあまり高まらないと考えられます。

　実際にどのような探究テーマが設定され，それに合わせてどのような学習が展開されているのか，このあとの授業実践事例でぜひご確認ください。

◆探究の問い

　単元の中で生徒に投げかける問いの例です。授業中に生徒に問う場面はたくさんありますが，その中でもカギとなる問いを事前に計画しておきます。

　ＩＢでは，問いの性質によって，
・事実的問い——知識や事実に基づく問い，答えが決まる問い
・概念的問い——抽象度が高く，探究テーマや概念理解を促すための問い
・議論的問い——事実や概念をもとにして，多角的に考え，議論するための問い
の3種類に分けて整理しています。

　教材の内容理解に関する問いばかりではなく，抽象思考・批判的思考を促すような問いを多

く投げかけるところに特徴があります。

◆学習の方法（ATL）

IBでは，カリキュラムを通して生徒が身につけるべき学習スキルをリストにしてまとめています。「学習の方法（Approach to Learning：ATL）」と呼ばれるもので，5つのカテゴリー，10の項目に分かれています。教師はこのリストの中から，単元内でとくに伸ばしたいスキルや活用してほしいスキルを選択し，学習活動を計画します。

国語の学習指導要領でも「話すこと・聞くこと」「書くこと」「読むこと」としてスキルが取り上げられていますが，このリストでは思考力や自己調整能力を含めるなど，スキルをより広いものとして捉えていることが分かります。学習活動を計画する際に，いろいろなヒントになる項目です。

〈ATLスキルの枠組み〉注8

カテゴリー	項目
コミュニケーション	1．コミュニケーションスキル
社会性	2．協働スキル
自己管理	3．整理整頓する力
	4．情動スキル（心理状態の管理）
	5．振り返りスキル
リサーチ	6．情報リテラシースキル
	7．メディアリテラシースキル
思考	8．批判的思考スキル
	9．創造的思考スキル
	10．転移スキル

パフォーマンス課題と評価

IBの学習では，探究や概念理解を基盤にしています。そのため，評価や評価のための課題もそれに合わせたものにしていく必要があります。そのために行われるのがパフォーマンス課題であり，「形成的評価」と「総括的評価」です。

必要に応じて知識を問うペーパーテストも行いますが，評価のための課題はそれだけではありません。「言語と文学」で言えば，小論文，レポート，プレゼンテーション，ディスカッション，創作など，様々な形式で課題に取り組むことができます。むしろ，生徒が自分の得意なことを伸ばし，様々なことに挑戦するためにも，多様な形式の課題を年間でバランスよく行うことが求められているのです。

最終的な課題に取り組む前に，生徒が必要な知識やスキルを身につけているかどうかを確認しなければなりません。そのために，単元の途中で小テストや小さい課題を行い，評価を行います。それが「形成的評価」です。形成的評価は，生徒一人一人が，今，どの位置にいるのかを確認するのに有効です。教師が適切なフィードバックやサポートをすることで，生徒がより高いレベルで最終的な課題に向かえるようにします。そして完成した最終課題の評価を行うのが「総括的評価」です。こちらは年間の成績に反映されます。

　評価は，ＩＢの定める評価規準や課題に合わせたルーブリック（評価規準表）にのっとって行われます。ＭＹＰ「言語と文学」では，「Ａ分析，Ｂ構成，Ｃ創作，Ｄ言語の使用」の４つの評価規準が設定されており，規準ごとに複数の指標（ストランド）が用意されています。

　「形成的評価」「総括的評価」いずれも，クラスや学年内での序列を示すために評価するわけではありません。あくまで，目標や教師の設定したねらいに対してどれくらい到達しているのかを示す数値です。生徒が課題ごとに今の自分の位置を確認し，次の課題ではより高いパフォーマンスを目指せばよいのです。

　かけ足になりましたが，国際バカロレアの授業づくりの基本について説明してきました。いかがだったでしょうか。それぞれの項目について詳しくお知りになりたい方は，前作『「探究」と「概念」で学びが変わる！中学校国語科　国際バカロレアの授業づくり』をぜひご参照ください。

　いろいろな要件があって窮屈そうに感じてしまった方もいるかと思いますが，実際は逆です。生徒になにを理解してほしいか，教材をどう選び，どう組み合わせるか，どういう学習課題を設定するか，教師のアイデア次第で単元計画はどんどん膨らんでいきます（実際にやってみると，やりたいことがいろいろ浮かんできて，収束させる方が大変です）。そしていざやってみると，教師の予想を超えるようなパフォーマンスを生徒が見せてくれる，ということがたくさんあります。

　そういった授業づくりの面白さを，このあとの授業実践事例から感じていただければと思います。

（関　康平）

〈脚注〉
注１　国際バカロレア機構（2015）『ＭＹＰ：原則から実践へ』p.Ⅴ「ＩＢの使命」
注２　国際バカロレア機構（2015）『ＭＹＰ：原則から実践へ』p.Ⅵ「ＩＢの学習者像」
注３　国際バカロレア機構（2015）『ＭＹＰ：原則から実践へ』p.83「指導の方法」
注４　エリクソン，ラニング，フレンチ著　遠藤みゆき他訳（2020）『思考する教室をつくる概念型カリキュラムの理論と実践：不確実な時代を生き抜く力』北大路書房　p.42
注５　国際バカロレア機構（2015）『ＭＹＰ：「言語と文学」指導の手引き』p.24
　　　＊「体系」は『ＭＹＰ：原則から実践へ』にならい「システム」としました。
注６　国際バカロレア機構（2015）『ＭＹＰ：「言語と文学」指導の手引き』p.25
注７　国際バカロレア機構（2015）『ＭＹＰ：原則から実践へ』pp.70-73
注８　国際バカロレア機構（2015）『ＭＹＰ：原則から実践へ』pp.128-134

2 概念的理解の理論に基づくMYP

平成29年版学習指導要領，国際バカロレア教育における「概念的な理解」

　21世紀は，人口，技術革新，雇用環境，グローバル化の推進など，様々な面で急速な変化が進み，予測困難な厳しい時代になったと言われています。生徒が，次の社会の担い手として活躍する頃には，今の学校教育にはない新しい知識や技術が求められる状況になっているでしょう。平成29年版学習指導要領の改訂では，次のような教育の方向性が出されました[注1]。

　　　このような時代にあって，学校教育には，子供たちが様々な変化に積極的に向き合い，他者と協働して課題を解決していくことや，様々な情報を見極め知識の概念的な理解を実現し情報を再構成するなどして新たな価値につなげていくこと，複雑な状況変化の中で目的を再構築することができるようにすることが求められている。

　新たな時代の変化に対応するために必要な要素をいくつか掲げていますが，その中で「知識の概念的な理解」があげられています。「概念的な理解」の獲得によって，新しく出会う情報を再構成して新たな価値につなげることができるようになるのです。そして，新たな課題に向けて，目的を再構築して対応できるようになることが期待されているというのです。

　これはまさにIBプログラムの基盤とする「概念学習」と一致します。IBでは，概念学習を次のように定義しています[注2]。

　　　概念学習では，各教科や教科横断的な領域において関連性をもつ，有力な考えを体系化することを重視します。概念は国や文化の境界にとらわれるものではありません。概念は，学習内容を統合し，カリキュラムに一貫性をもたせます。また，教科学習の理解を深め，複雑な考えに取り組む力を築き，学習内容を新たな文脈に適用するのに役立ちます。

　このように概念学習によって，学習者は各教科の知識を体系化し，深く学び，新たな文脈の中でその学びを活用することができるようになるのです。

概念を表す語彙…平成29年版学習指導要領とMYPの比較

　では，「概念」とはどのようなものなのでしょうか。

　平成29年版中学校学習指導要領国語科では，「知識及び技能」の「語彙」に関する事項の第二学年で「抽象的な概念を表す語句の量を増す」ことが目指されています[注3]。そして，その評価として，「他の学習や生活の場面でも活用できる程度に概念等を理解したり，技能を習得

したりしているかについても評価する」こととしています注4。これは，抽象的な概念の語彙が他の教科や日常生活などの他の文脈でも使えることを目指していることが分かります。その具体的な評価方法としては，ペーパーテストで「知識の概念的な理解を問う問題」を出すことや，文章での説明といった例が示されています。その他では，概念を示す語彙は3つ，示されています。「情報の扱い方に関する事項」では「情報と情報との関係」を捉えるための「具体」と「抽象」（第二学年），「思考力，判断力，表現力等［B書くこと］」「考えの形成，記述」の「根拠」（第一学年）です。

　一方，ＭＹＰでは次のように概念が設定されています。

　　　ＭＹＰ「重要概念」注5

　　　　美的感性　変化　コミュニケーション　共同体　つながり　創造性　文化

　　　　発展　形式　グローバルな関わり　アイデンティティー　論理　ものの見方

　　　　関係性　システム＊　時間，場所，空間

　　　ＭＹＰ『言語と文学』「関連概念」注6

　　　　受け手側の受容　登場人物　文脈　ジャンル　テクスト間の関連性

　　　　視点　目的　自己表現　設定　構成　スタイル（文体）　テーマ

　日本の平成29年版中学校学習指導要領国語科と比べると，ＭＹＰが掲げている概念のキーワードは質的に異なるもののようです。本節では，ＩＢの概念の理論的な背景を紹介します。第1章1節で紹介されているユニットプランナーの作り方と併せてお読みください。

概念的理解の歴史的背景

　そもそも，学校教育の目標は，生徒が社会人になった時に発揮できる力を育成することにあります。学校の授業で習ったことを日常生活や社会生活に転移できるようになることです。この「転移」を可能にする「構造」の意義については，1960年に教育心理学者のブルーナーが論じていました注7。ブルーナーの説に触発され，1966年にヒルダ・タバが知識の構造には「基礎的な観念を発達させるのに使われる個別の事実や実例」「意義ある一般化と原理」「基本的な概念」という3つのレベルがあることを提唱しました注8。タバが提起した「概念」については，1990年代の認知心理学の領域で様々な検証がなされました。その中で，初心者と熟達者の理解の仕方の比較から，熟達者は膨大な専門的知識を「核心的で重要な概念」を軸に体系づけて理解していたことが分かったのです。そこで，概念的理解を育む学習カリキュラムの必要性が示唆されるようになったのです注9。そのカリキュラムを21世紀に開発したのがウィギンズとマクタイ，エリクソンやラニングなどの研究者チームです注10。とくに，エリクソンはタバの理論から影響を受けたことを明言しています。

ウィギンズとマクタイの「理解をもたらすカリキュラム設計」

　ウィギンズとマクタイは1998年に「理解をもたらすカリキュラム設計（Understanding by Design)」を開発しました。そして，6年をかけ多数の実践調査をふまえ，2005年に改訂版を出しました。日本では2012年に翻訳が出版されました[注11]。

　このカリキュラムの特徴は，転移可能な理解を獲得することを最初に学習者にゴールとして示す点にあります。「重大な観念（Big Ideas）」の理解です。授業づくりでは，最初に「核となる課題」と「本質的な問い」を設定します。次に，評価方法を考えます。それから，具体的な教材と授業の進め方を考えていきます。このように，最終的なゴールから授業を設計する方法が定められています。日本の従来の授業では，教科書教材があり，学習指導要領の指導項目を考え，授業の流れを組み立てて，評価方法を考えていきます。これとは全く逆の作りで進めていくので，「理解をもたらすカリキュラム設計」は「逆向き設計」と翻訳されています。

　では，ウィギンズとマクタイが学習のゴールに設定している「重大な観念（Big Ideas）」をMYPのユニットプランナーの作り方と併せてみていきましょう。ウィギンズとマクタイも学習内容を3つの優先順位で表しました。種の大きなアボカドのように見える図1です[注12]。

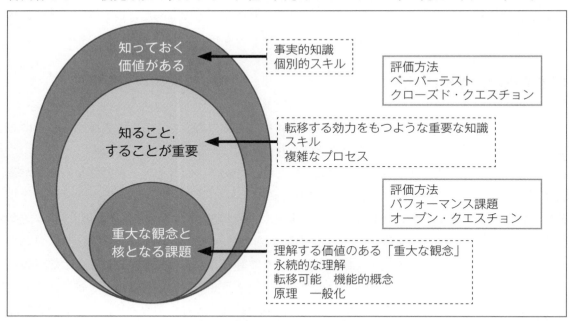

図1　内容の優先順位と評価方法

　まず，皮にあたる表層は「知っておく価値がある」内容を扱う段階です。学習の基礎となる事実的知識にあたるものです。このような事実的知識を習得するには，学習者が自分でコツコツと暗記したり，読み解くための個別的なスキルを伸ばしたりしていく努力が必要です。個人

で取り組む課題です。その成果はクローズド・クエスチョンで試されます。イエス・ノーや一問一答で答えらえるもので，主にペーパーテストで試されます。この段階の知識は頭の中に短期間しか記憶されないと言われています。

　真ん中の実にあたる層は「知ること，することが重要」と名づけられた段階です。ここで活用する知識は，転移する効力をもつような重要な知識です。事実的知識で分かったことを発展させ，抽象的な理解への橋渡しとなる活動を展開させる段階です。問いの形式はオープン・クエスチョンです。1つの答えを見つけるのではなく，多様な角度から複数の解釈の可能性を探るのです。パフォーマンス課題で取り組みます。例えば，ディスカッションやプレゼンテーションや様々な創作活動です。協働スキル，コミュニケーション・スキル，批判的思考スキルなど，様々なスキルを使います。グループワークで取り組むことによって，他者の解釈から影響を受けて変容し，学びが深まっていきます。パフォーマンス課題はルーブリック評価で質的に判定します。このように学習者自身が主体的に活動する「知ること，すること」の活動体験から得られた知識は，転移の可能性もあり，中期的な記憶として残るとされています。

　深層部の種の段階を，ウィギンズとマクタイは「重大な観念（Big Ideas）」と名づけています。「重大な観念と核となる課題」と書かれている部分です。「重大な観念」とは「原理」や「一般化」です。「原理」とは普遍的な真理です。いつの時代でも，どこでも，誰でも，納得する絶対的なものです。「一般化」とは，原理ほど厳密ではなく，すべてとは言い切れないが概ねあてはまる一般的なものを指します。パフォーマンス課題で得られた知識をさらに「核となる課題」に取り組むことで，さらに抽象度をあげて概念的に体系立てていくのです。こうして得られた深い理解は長期記憶として残ります。ウィギンズとマクタイは「不朽の理解」と呼んでいます。

エリクソンの「概念型のカリキュラムと指導」

　エリクソン（2008）は，「概念型のカリキュラムと指導（Concept-Based Curriculum and Instruction）」を設計しました[注13]。ウィギンズとマクタイが「重大な観念と核となる課題」と名づけていた段階を切り分け，「一般化・原理」の理解に至る「概念」の働きを明らかにしました。「事実」は「知る」もの，「スキル」は「できるようになる」もの，「概念」は「理解する」ものと定義し，これらの関係をブロックのモデルで表しました（図2）[注14]。

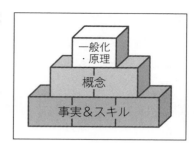

図2　ブロック・モデル

　学習活動のベースとなる「事実」や「スキル」を土台とし，最上段の「一般化・原理」に結びつける働きをするのが，真ん中の段の「概念」です。「概念」の段から「一般化・原理」の

段に到達する過程が「理解」なのです。「概念」は事実的な知識や，パフォーマンス課題に取り組むプロセスで得られた知識を「つなぐ」役割を果たしているのです。「つなぐ」という意味から概念を，ウィギンズとマクタイは「概念のセロハンテープ」と喩えました。また，「概念」は新たに出会う知識や情報，経験を分析する時に使う観点にもなるので，エリクソンは虫眼鏡の「レンズ」という比喩を使いました。情報をつなぐという意味では，脳神経のシナプスのようなイメージも当てはまるでしょう。

　「概念」とは普遍的で，抽象的で多義的で転移可能なものと，エリクソンは定義しています（第１章１節９ページ参照）。この定義はウィギンズとマクタイが「重大な観念（Big Ideas）」を説明する時に引用しています。エリクソンの定義では「概念は短い簡潔な言葉で表す。」とあります。15ページのＭＹＰの概念リストを見てください。これらの定義に当てはまることが分かるでしょう。

「概念型のカリキュラムと指導」で育まれる相乗的思考

　エリクソンの「概念型理解のカリキュラム」のゴールは，「概念を理解すること」ではありません。「概念を用いて一般化や原理を理解すること」です。このような理解によってもたらされるメリットをエリクソンはブロックの図で表しています[注15]。事実的な知識やトピックをＸ軸，スキルのＹ軸で構成しているのが２次元カリキュラムのイメージです。このカリキュラムは生徒の知識とスキルに焦点をあてた従来のカリキュラムです。

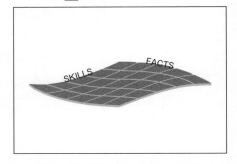

図3　2次元カリキュラム・モデル

　「概念型のカリキュラムと指導」は，「概念」というＺ軸を立てた３次元カリキュラムです。図４のブロックの図を見てください。２次元カリキュラムに比べて，ブロックの量が格段に増えています。脳のワーキングメモリーが増えるという量的なイメージです。

　事実とスキルの２次元レベルと概念の３次元レベルの両方の認知レベルを操作できる思考をエリクソンは「相乗的思考」と名づけています[注21]。これによって学習者は「永続的な理解」を獲得するのです。

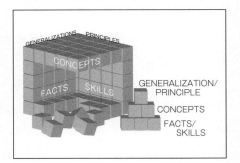

図4　3次元カリキュラム・モデル

概念的理解の理論に基づくMYPの授業設計

⑴逆向き設計のユニットプランナー

　MYPのユニットプランナー（10ページ参照）では，最初に重要概念と関連概念，グローバルな文脈を決めてから，そこから導き出される探究テーマと探究の問いを決めます。本書では略案の形で示しています。本来は，目標，評価の方法，学習スキル，学習プロセス，教材，指導の振り返りなどを詳しく書き込みます。

　このように，最初に概念と探究テーマを決めてから，教材や授業の流れ，言語活動の課題などを決めていく方法は，ウィギンズとマクタイの「逆向き設計の理論」のテンプレートをベースにしています。単元における探究テーマとは普遍的な理解を示す「原理，一般化」にあたるものです。ウィギンズとマクタイの理論で言えば，図1のアボカド・モデルの種にあたる「核となる課題」です。エリクソンの理論では，図2のブロック・モデルの一番上の部分です。ユニットの中で最も重要なゴールを先に決める方法は合理的で，教材選びや言語活動の構想がしやすくなります。授業でも，生徒にゴールを明確に示すことはたいへん有効です。何のための学習なのかが納得でき，主体的に取り組むことができるようになるからです。

⑵マクロな重要概念，ミクロな関連概念

　MYPユニットプランナーでは，「重要概念」が16項目，「関連概念」が12項目，設定されています。これは，「概念」には，マクロからミクロまでの複雑で異なるレベルがあるからです[注16]。

　「マクロ概念」は，幅広く多様な例を含むことができ，教科を横断して関連するものです。エリクソンは「統合概念」と呼んでいます。この概念は，広い領域をカバーしており，遠くまで転移することができる概念です。これが「重要概念」です。

　「ミクロ概念」は，特定の教科における深い知識を反映するものです。教科の専門家として自由自在にミクロ概念を操れるようになることが目指されます。これが「関連概念」です。

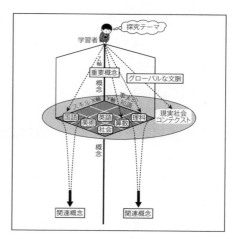

図4　思考の統合イメージ

　エリクソンは「マクロ概念は理解に広がりをもたらし，ミクロ概念は深さをもたらす。」と述べています[注16]。

　執筆者はこれを図4のような「思考の統合イメージ」でデザインしました。「概念」は学習者が学びを捉え直す視点を高くしたり，深くしたりするイメージです。学習者は高い位置から，

教科の枠組みを超えて，学びを俯瞰して，振り返ることができるようになります。それと同時に，各教科の領域について「関連概念」で深く掘り下げることもできるようになるのです。

　平成29年版中学校学習指導要領国語科で示されている抽象的な語彙や「具体，抽象，根拠」といった概念はミクロ概念，関連概念であることが分かります。

　では，これらの概念はどのように設定されたのでしょう。ウィギンズとマクタイは，概念を設定する時に，ナショナル・スタンダードを「解きほぐす（unpack）」ことを提案しています注17。ナショナル・スタンダードとは日本の学習指導要領に相当するものです。「解きほぐす」方法のコツは，「文書に繰り返し登場するような名詞，形容詞，動詞をより注意深く見」ることだそうです。このやり方で，国際バカロレア機構のプログラム開発の委員が世界各国のスタンダードから抽出して，概念を設定したのでしょう。実のところ，その実際は明らかにされていません。しかし，このように「重要概念」と「関連概念」がパッケージ化されたことで，初心者の先生方でも取り組みやすいシステムとなっているのです。

(3)グローバルな文脈による学びのリアリティから不朽の理解へ

　さらに，ＭＹＰには「グローバルな文脈」があります。「グローバルな文脈」の「文脈」とは，物事の背景にある「コンテクスト」という意味です。学習内容を現代社会の状況と関連づける働きをします。「グローバルな文脈」によって，「探究テーマ」がよりいっそう現実社会の出来事や学問領域と強く関連づけられます。学習が机上の空論ではなく，よりリアリティをもった意義あることとして，学習者が認識できるようになるのです。

　以上のように，ＭＹＰの学習者は，「概念」を自在に操って，思考を統合し，「探究テーマ」を理解していきます。このように立体的な思考の操作から得られた「探究テーマ」による理解が「不朽の理解」として学習者の中に残るのです。

(4)概念的理解を促す３次元的教師の視点

　「概念理解」は，授業を受けさえすれば，自然に学習者の中に湧き上がってくるというものではありません。教師から，的確な働きかけがあってこそ，学習者は概念を獲得していけるのです。ユニットプランナーを木に喩えれば，木登りをするのは学習者です。学習者は自分の力で登らなくてはなりません。しかし，次の枝にどう足をかければよいか，迷う時があります。そんな時に，次の枝を適切にアドバイスして，支えていくのが教師の役割です。教師は，登るべき木の全体像やゴールをふまえ，授業の中では学習者をよく観察し，引っ張り上げるのではなく，支えながら導いていくのです。立体的な視点でフレキシブルに学習者の反応を見ながら進めていくのです。ＭＹＰユニットプランナーでは，授業が始まる前，途中の段階，授業を終えたあとと，教師が授業について振り返りを書く欄があります。授業の途中で，最初の構想を切り替えたり，新たに付け足す柔軟さも求められています。型紙通りの縫製ではなく，着る人

の体型に合わせた立体的な裁断と縫製をするイメージです。３次元的な視点での授業づくりは難しいかもしれませんが，とてもやりがいがあり，ワクワクするものです。

　本書では，中学１年から高校１年までの14本の実践事例を掲載しています。発達段階に応じて，少しずつ複雑な概念操作ができるようになっていく様子や，概念理解を促すワクワクするパフォーマンス課題をご覧いただけます。

　概念的理解を軸に，教科横断的な発想で，学習者が主体的に参加できる対話的な授業をつくる。３次元カリキュラムにチャレンジしてみてはいかがでしょう。

（中村　純子）

〔参考文献〕
注1　文部科学省『中学校学習指導要領（平成29年告示）解説　国語編』「第1章　総説　1　改訂の経緯及び基本方針（1）改訂の経緯」　p.1
注2　国際バカロレア機構（2015）『MYP：原則から実践へ』　p.16
注3　注1　同掲書　p.19
注4　文部科学省国立教育政策研究所　教育課程研究センター（2020）『「指導と評価の一体化」のための学習評価に関する参考資料　中学校　国語』　p.9
注5　国際バカロレア機構（2015）『MYP：原則から実践へ』
　　＊「体系」は『MYP：原則から実践へ』にならい「システム」としました。
注6　国際バカロレア機構（2015）『MYP：「言語と文学」指導の手引き』
注7　ブルーナー著　鈴木祥蔵，佐藤三郎訳（2014）『教育の過程』岩波オンデマンドブックス
注8　加藤幸次（1981）「ターバ『カリキュラムの開発―理論と実際―』」三枝孝弘編著『学校と教育方法』講談社　pp.178-202
注9　米国学術研究推進会議編著（2002）『授業を変える』北大路書房　pp.29-40
注10　石井英真著（2011）『現代アメリカにおける学力形成論の展開』東信堂　pp.224-251
注11　ウィギンズ，マクタイ著　西岡加名恵訳（2012）『理解をもたらすカリキュラム設計―「逆向き設計」の理論と方法』日本標準
注12　注11　同掲書　p.85
注13　Erickson, H. Lynn（2008）Stirring the Head, Heart and Soul: Redefining Curriculum, Instruction and Concept-Based Learning, Corwin Press.
注14　エリクソン，ラニング，フレンチ著　遠藤みゆき他訳（2020）『思考する教室をつくる概念型カリキュラムの理論と実践：不確実な時代を生き抜く力』北大路書房　p.11
注15　注11　同掲書　p.11
注16　注14　同掲書　p.58
注17　注11　同掲書　pp.74-78

コラム① 学びの責任の移行モデル

　ＩＢの目指す概念理解は，学んだことを他の新しい課題にも転移して，活用できる力を育むものです。普遍的な理論を理解する高次の思考レベルに学習者の思考を引き上げていくのです。平面のイメージの２次元カリキュラムから，立体のイメージの３次元カリキュラムへの移行です[注1]。思考の枠組みが広がり，理解のレベルが向上します。とはいえ，これがすぐにできるわけではありません。そもそも，抽象的な語彙を知らず，抽象的な思考操作の経験がなかったら，いきなりこの単元でどんな概念が見つかりましたかと問われても答えようがないでしょう。自転車の乗り方と同じです。補助輪をつけて練習し，徐々に補助輪を外して，一人で乗りこなせるようになるのです。このような学習の指導方法をフィッシャー＆フレイ（2017）は「学びの責任の移行モデル」と名づけました[注2]。

　図の左側の逆三角形は教師の責任です。右側の三角形は生徒の責任です。一番上の学習の初期段階は教師による「焦点を絞った指導」として，教師による講義や解説，見本を示すことから始めます。概念用語の意味を押さえ，探究テーマを丁寧に確認することが必要な段階です。

　次に，「教師がガイドする指導」の段階です。

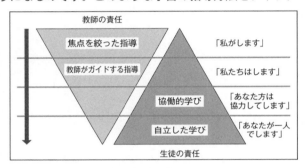

図　学びの責任の移行モデル

　教師が選択肢を示したり，「これをやってみようか。」と促したりしながら，生徒たちと共に学習を進めていきます。そして，「協働的学び」の段階で，主語は生徒たちに移行します。生徒たちはこれまでの学びの体験や獲得した知識を新たな課題に応用し，お互いに協力して課題に取り組んでいきます。教師は生徒たちの活動の様子を見守り，適宜，足場架けとなるアドバイスをしていきます。この段階からユニットのまとめで，探究テーマは生徒たちが考え出すことができるようになるでしょう。最終的なゴールは「自立した学び」です。新たな課題に対してどんな概念を活用していけばよいかを生徒が自分で導き出せるようになる段階です。何をどのように達成していけばよいのかが分かり，自己分析，自己調整，自己評価ができるレベルです。このような３次元的な思考の高いレベルに到達するまで，ブロックをコツコツと一段ずつ積み上げていくことが必要なのです。

（中村　純子）

注1　エリクソン他著　遠藤みゆき他訳（2020）『思考する教室をつくる概念型カリキュラムの理論と実践：不確実な時代を生き抜く力』北大路書房　p.11
注2　フィッシャー他著　吉田新一郎訳（2017）『「学びの責任」は誰にあるのか：「責任の移行モデル」で授業が変わる』新評論　p.8

第 **2** 章

重要概念「ものの見方」で深める学び

「ものの見方」とは,「状況,物,事実,考え,意見を観察するときの立ち位置」です（『MYP：原則から実践へ』）。

　個人の経験,集団の中の立場,その国の文化や学問上の立場などをふまえ,様々な視点から考えられるようになるための概念です。

1 かぐや姫を批評する
—悲劇のヒロイン!?　それとも……—

1 ユニットプランナー

重要概念	関連概念	グローバルな文脈
ものの見方	受け手側の受容　登場人物	個人的表現と文化的表現
探究テーマ		
対象についての価値観は表現の分析を通して確立される。		
探究の問い		
事実的問い：『竹取物語』はいつ頃につくられた話だと言われているか。 　　　　　　『竹取物語』では，登場人物はどのように描かれているか。 概念的問い：登場人物や作品に対する「ものの見方」（「作品観」など）を規定する要因は何か。 　　　　　　登場人物を評価する時，登場人物のどのような側面に注目すると効果的か。 議論的問い：作品についての既有情報は私たちの「ものの見方」にどのような影響を与えるか。 　　　　　　作品に対する「ものの見方」はどのようにして生み出されるのか。		
評価のための課題と評価規準		
かぐや姫についての考察文（A分析　B構成　D言語の使用） 　3つの問いの中から1つを選び，考察文を執筆する。		
ＡＴＬ		
批判的思考スキル：合理的な結論や一般論を導き出す。 創造的思考スキル：思考の可視化の方法やテクニックを実践する。		
学習者像		
探究する人：学習課題への取り組みを通して，登場人物の人物理解を深める。また，このような理解 　　　　　　深化を通して自分自身の「ものの見方」について認識を深める。		
学習指導要領との関連		
〔思考力，判断力，表現力等〕 【C　読むこと】 (1)イ　場面の展開や登場人物などの描写に注意して読み，内容の理解に役立てること。		

2 ユニットのねらい

　本単元は，中学校１年生の最後の単元として設定しました。時期は１月から２月にかけてです。入学しておおよそ１年が経過しようとしているこの時期，国語をはじめ，様々な教科の学習や総合的な学習での経験を通して，生徒は「ものの見方」に関して，ある１つの対象を様々な角度から見ることができること，多様なものの見方がありどれもが「正しい」可能性があることなど，「ものの見方の多様性」を「理解」としてはもつことができるようになってきていましたが，それを日常的な生活の場で体現，実践できるというほどには至っていないという段階でした。そのような段階の中，この単元での学習を通して，生徒の中の「ものの見方」に関する概念理解の深化を促し，ものの見方の多様性を「知っている」という状態から「実感する」という状態へ変容することができるようにということをねらい，本単元を設定しました。この単元に即して具体的に言えば，単元での学習を通して生徒の『竹取物語』に対する認識を多面的なものにし，より豊かな「ものの見方」を実感させていきたいということです。

　『竹取物語』は，様々な古典文学作品の中でも，生徒にとって比較的親しみのある作品だと思います。『竹取物語』という名前は知らなくても，「かぐや姫」の話として，幼い頃，童話を読み聞かせてもらっていた，または絵本で読んだことがあるという生徒や，小学校の授業を通して音読に親しんできたというケースもあると思います。また，近年では映画『かぐや姫の物語』によってその内容を知っているという生徒もいるでしょう。

　そのような親しみ方をしてきている生徒にとって，この作品の冒頭部分と結末部分は特に印象的な場面であり，「翁や嫗によって愛情豊かに育てられてきたかぐや姫が，抗いようのない運命によって翁や嫗と引き離される悲しい物語」という認識のもと，生徒はかぐや姫を物語の中における「悲劇のヒロイン，絶対的な（＝「正しい」）存在」と理解し，かぐや姫の視点によりそった形で作品世界を捉えているのではないかと考えられます。しかし，作品全体を読んでいくと，必ずしもそうとは言い切れない側面も浮かび上がってくるのではないか，特に帝や５人の貴公子の立場から考えた時，かぐや姫は必ずしも「正しい」存在とは言い切れない可能性が見えてくるのではないか，と考え，本単元の指導計画を作成しました。

　なお，『竹取物語』の作品全体を扱うにあたっては，江國香織『竹取物語』（新潮社，2008年）を使用しました。

3 学習プロセス

1次	1時	単元の概要説明，『竹取物語』の既有知識の共有，歴史的仮名遣いの復習
	2〜3時	平安時代の恋愛についての学習，古語・文法事項の学習
2次	4時	「石作の皇子」像分析
	5〜7時	他の4人の貴公子及び帝の人物像分析と分析内容の共有
	8時	形成的評価課題①：意見文執筆「自分がかぐや姫だったら誰を選ぶ？」
3次	9〜13時	「かぐや姫の昇天」の場面を中心としたかぐや姫の人物像分析
	14〜16時	形成的評価課題②：かぐや姫新聞作成
4次	17〜19時	総括的評価課題執筆に向けた本文再読解・分析・考察
	20〜21時	総括的評価課題執筆
	22時	単元の振り返り

4 授業の様子

(1)『竹取物語』ってどんなお話？

　新しい単元の最初には必ず行うことですが，単元の初めに，この単元においてどのような概念理解を深めてほしいかという説明や，単元の最後に行う総括的評価課題とその課題に対する評価の観点の説明など，単元全体の概要を説明しました。そしてその後，生徒に『竹取物語』についてどのような知識や理解をもっているかを，事実的問いを織り交ぜながら尋ねたところ，実に多様な反応が返ってきました。「『かぐや姫』という女の人が主人公の物語」「その人って月に帰ったんだよね」「なんか，すごい短期間で成長したとか聞いたことがある」「えっ！　それって宇宙人？」といった反応から「いろんな人から求婚されたけど，それを全部断った人」といったあたりまで知っている生徒がいる一方で，全く予備知識をもっていない生徒も数人見受けられました。

　そこで，すでにいくらかの知識を有している生徒に答えてもらう形をとりながら，作品の登場人物や物語の設定，いつ頃成立した作品なのか，といった基礎情報を全員で共有しました。

　このような活動は，新しい単元に入った時の初期段階でよく行われる活動だと思いますが，ここでは議論的問いの1つ「作品についての既有情報は私たちの『ものの見方』にどのような影響を与えるか」を考えていく伏線的な役割ももたせています。お互いがもっている「情報」を共有しながら，その「情報」によってどのような作品観をもったのかを言語化する活動と位置づけています。

⑵個性豊かな求婚者たち

　第２次では，ワークシートを用いて「５人の貴公子及び帝」の人物像分析に取り組みました。概念的問いの１つ「登場人物を評価する時，登場人物のどのような側面に注目すると効果的か」について考えやすくするための「足場づくり」となるようにと用意したのが今回のワークシートです。

　まずは人物像分析の練習として，比較的文章量の少ない石作の皇子を対象に設定し，分析に取り組みました。クラス全体を５つの班にわけ，すべての班で石作の皇子についての分析に取り組み，それを全体で共有することによって，それぞれの班がどのような描写に注目しながら人物像の分析を行ったかを知ることができ，相互の「学びあい」ができるようにしました。そしてその後，今度は各班で一人ずつ担当して残りの４人の貴公子及び帝の人物像分析に取り組みました。次に示すのは，帝を分析した班のワークシート記入例です（ゴシック部分が生徒の記入内容です）。

物語を味わう〜『竹取物語』人物像分析ワークシート
　　　　　かぐや姫に求婚した人たちの人物像を分析しよう‼

　　　　　　　　　　　　　　　　　　　　　１年　　組　　番　名前　（男子生徒）

１　分析の対象とする人物……**帝**
２　かぐや姫に頼まれた品物（「帝」の場合は，この欄は記述不要）
３　「物品」入手に関わる一部始終（「帝」の場合は，かぐや姫へのアプローチの手順）
　※行動とその意図を箇条書きで整理しましょう。枠の大きさは自由に変えてください。

行動	意図
内侍（天皇に近侍する女官）をかぐや姫のもとに遣わす	**かぐや姫の素晴らしさ・「人の身をいたづら」にした姫→確認・興味**
竹取の翁を呼び出し交渉	**女の策略に負けるわけにはいかない**
狩に行くフリ→こっそりかぐや姫を見る	**素晴らしいと噂されるかぐや姫の顔だけでも見てみたい**
姫を連れて帰ろうとする	**比類なく美しい姫を自分のものにしたい**
かぐや姫が常人とはかけ離れた事を理解し，諦める **かえるさの行幸物憂く思ほえて背きてとまるかぐや姫ゆゑ**	**（帰路を御幸とは呼ぶが，幸せどころか大変辛く，私の心はうしろを向いて立ちどまってばかりいる。私の言葉にうしろを向いて，そこにとどまっているかぐや姫のために）**
かぐや姫のことが頭から離れなくなる→１人の生活を過ごす（かぐや姫との手紙のやりとり→歌を詠んで送り続ける）	**周りの女官や今まで美しいと思っていた女の人たち→姫と比較すると人間以下のように思える。⇒かぐや姫への寂しさをアピール？**

４　かぐや姫の対応や反応
帝の命令（使者）を拒否する態度を取る
葎はふ下にも年は経ぬる身の何かは玉の台をも見む（つる草が生い茂るような庶民の家で長年暮してきた私のような者に，華麗な御殿はのぞめません）
帝からの手紙への返事として（仰せには背いたものの）「情のこもったいい手紙」をやりとり
５　あなたたちの班で取り上げた人物を，あなたたちはどのように評価しますか？　理由も含めて説明しましょう。
（100点中：75点）
かぐや姫を純粋に愛していた。
最初は興味本意→好意を抱いてしまう→猛アピール（何としても姫を自分のものにしたい）
→フラれてしまって寂しい生活を送る（かぐや姫とのやりとりが生きがいとなってしまう）

このようにして行った人物像分析は，その内容をホワイトボードに整理し，クラス全体で共有しました。その後，形成的評価課題①として意見文執筆「自分がかぐや姫だったら誰を選ぶ？」に取り組みました。先に班で行った人物像分析は，一般的な「読者」の視点から対象人物について考えるため，物語の「外」から見た時の人物像分析となります。それに対して，この形成的評価課題①は，自分自身をかぐや姫になぞらえて考えるため，物語の「内」から見た時の人物像分析となります。このような，異なる視点から対象を捉えるという学習活動は，本単元で扱う重要概念「ものの見方」についての生徒の理解を深めていくと考え，このような課題を設定しました。以下に生徒作品の例を抜粋して示します（作品には若干誤字等が見受けられますが，そのままにしています）。

> 　もし自分がかぐや姫だったら，自分の結婚相手に阿部野御主人を選ぶだろう。
>
> 　そう決めた理由は３つある。
>
> 　１つ目は，努力家だということだ。……（中略）……
>
> 　２つ目は，かぐや姫と結婚したいがために，お金をたくさん使ったという点だ。……（中略）……
>
> 　３つ目は，かぐや姫が火鼠の皮衣を燃やして，本物か確かめたいという要望に応えたところだ。愛する人のためなら，苦労とお金をかけたものでも，燃やしてしまっても構わないという思いに，またもや愛があると思った。
>
> 　最後に，火鼠の皮衣を本物だと信じていた阿部野御主人だが，何でも信じ込まないようにしてもらいたい。しかし，周りの人を信じてあげられる性格はとてもいいのではないだろうか。
>
> 　他にもお金をたくさん持っているなど，このような理由から阿部野御主人を選んだ。

(3)かぐや姫の素顔に迫る！

　第３次では，かぐや姫の人物像分析に取り組みました。主に扱う場面は「かぐや姫の昇天」ですが，「かぐや姫の昇天」の場面とそれ以前の場面でのかぐや姫の描かれ方の異同について気づきを整理し，そこから何を感じたか，かぐや姫はどのように変化したか，自身のもっていたかぐや姫のイメージは変化したか，しなかったかなどについても整理しました。かぐや姫の描かれ方の変化について，これまでの場面と比較しながら考える問いを設定することで，「かぐや姫の昇天」にばかり意識が向きそうな生徒も物語全体を俯瞰できるようにするためです。

　ここまでくると，これまでの学習活動を通して生徒は自分なりの観点を設定してかぐや

姫を批評することができるようになります。そしてその内容を形成的評価課題②として「かぐや姫新聞」にまとめました。

　生徒はこの課題への取り組みを通してＡＴＬの「創造的思考」を発揮しながらかぐや姫を多角的に分析し，自身が理解したことをメタ認知することができるようになります。

　こうしてできあがった「かぐや姫新聞」は，かぐや姫や竹取の翁，帝など様々な登場人物へのインタビューを実施して本音を聞き出すという記事や，かぐや姫の和歌に注目して教養の高さを紹介する記事というものもあれば，かぐや姫を罪人として告訴するという内容の記事，月の世界の者たちによる陰謀説を暴露する記事など，生徒の創意工夫に満ちた作品となりました。

(4)私はかぐや姫をこう考える

　以上のような学習活動を経て，いよいよ単元最後の総括的評価課題の執筆に取り組んでいきます。課題の内容は次のとおりです。

　次の３つの問いから１つを選び，考察文を執筆します。なお，字数制限は設けません。

①かぐや姫は自己のアイデンティティーを他者とのどのような関わりの中で形成してきましたか。

②かぐや姫のものの見方は変化しましたか。または変化していませんか。また，それはなぜですか。

③月へ帰らなければならないとわかった時，かぐや姫は地上での生活をどのように振り返りましたか。

　実際に課題を執筆するにあたっては，本文から根拠となる場面や描写などを指摘し，それをどのように解釈するかが分かるような書き方になるよう促しました。この課題は，ＡＴＬの「批判的思考」を働かせながら，概念的問いの１つ「登場人物を評価する時，登場人物のどのような側面に注目すると効果的か」について，今度は自身で分析の観点を設定して考えることともつながっています。

5 成果物とその評価

　以下に，総括的評価課題に対する生徒作品例とそれに対する評価コメント（いずれも一部抜粋）をお示しします。

《生徒の選択した課題》

①かぐや姫は自己のアイデンティティーを他者とのどのような関わりの中で形成してきましたか。

《生徒作品》

　私は，かぐや姫はかぐや姫が竹の中から見つかってから，月へと帰っていくまで，自己のアイデンティティを，物語の中で出てきた様々な人たちとの関わりの中で形成していったと思う。

　まず，翁がかぐや姫を見つけた頃，かぐや姫はまだ地球のことも何も知らない，見た目が美しいだけの少女だったのだと思う。そのことは，かぐや姫が翁に発見されてからしばらくはかぐや姫の気持ちや言葉がないことから分かる。……（中略）……

　やがて，高い身分であり，かぐや姫の家に熱心に毎日通い続けた5人の貴公子たちがかぐや姫からの挑戦を受けることになった。かぐや姫は先も書いたように，誰とも結婚する気はなかったが，翁のことを考え，頼んだものを持ってきた人と結婚する，という条件を出した。かぐや姫は5人の貴公子たちと結婚する気は全くと言っていいほどなかったから，あまり貴公子たちのことは気にしていなかったのだろう。だが，自分のために死んでしまった人や，嘘をついて頼んだものを持ってこようとした人たちに対して，少しは何か思ったかもしれない。

　そして，かぐや姫は帝とも出会い，帝とは心を通わせるようになった。貴公子とは違い，帝とは心を通わせるようになったのは，かぐや姫が帝の嘘をつかないところや，素直なところに興味を持ったからだと思う。かぐや姫は翁が結婚相手を選ぶように，と説得した時も，浮気されるのが心配だから，と言っていた。帝は他の貴公子のようにものには頼らず，自ら動き出したところにかぐや姫は心を許したのだと私は考える。

　そしてとうとう，かぐや姫が月に帰らなければならないとわかった時，かぐや姫は周りの人たちのことを何よりも考えていた。もちろん自分が帰りたくない，と言ったこともあるとは思うが，周りの人たちが悲しんでしまうのを申し訳なく思い，形見を残したり，手紙を書いたりした。

　私が思うに，かぐや姫は物語の中で関わってきた人たちによって，人を思う気持ちや，人を大切にする，ということを学び，自己のアイデンティティとして形成していったのだと思う。

　最初のかぐや姫は，自分が月の都の者だから結婚はできない，と分かっていたが，次第に，自分のためにたくさん尽くしてくれた人たちのおかげで，周りの人のことを考えて行動するようになったと思う。

《評価コメント》

A分析：非常に鋭い分析がなされています。論全体も物語の時系列に沿いながら，かぐや姫の変化・変容を丁寧に説明できており，説得力の高い内容となっています。

---

6 振り返りと学びの広がり

　総括的評価課題実施後，単元全体を振り返る活動を行いました。いくつかの問いに答える形で振り返り文を書きましたが，その中の1つを紹介します。

《問い》

　あなた自身の『竹取物語』という作品に対するイメージや受け止め方，感想は，単元の初めの頃と今とで変わりましたか？　変わりませんでしたか？　また，それはなぜですか？

《生徒の記述例》

　最初の『竹取物語』の印象は，「暗記モノ，映画」などのイメージがとても強かったです。かぐや姫も五人の貴公子と帝を相手にひけをとらないすばらしい女性であったのではないかと考えていました。しかし，今は，『竹取物語』は，すばらしい工夫がなされた文学作品であるんだなということが分かりました。とくにかぐや姫の心情の変化は様々な場面で読みとれるようになっており，すばらしいなと感じるばかりです。また人間味があふれる人物描写があったり，月の都という設定などわかりやすく面白いものが，たくさんありました。

　この問いは議論的問い「作品についての既有情報は私たちの『ものの見方』にどのような影響を与えるか」を意識した問いです。生徒はこの問いに答える形で，単元当初に抱いていた作品観と，単元を終えてもつようになった作品観を比較し，その深まりや広がりを自己認識することができます。この生徒の記述例からもうかがえますように，『竹取物語』やかぐや姫に対する「ものの見方」を豊かなものにしたいという単元設定のねらいは概ね達成することができたのではないかと考えています。また，作品についてあまり知らなかった生徒も，「学習を通して登場人物の心情を深く考えることができた」「昔に書かれた古い物語というイメージしかなかったけど，現代小説と同じような感覚で読むことができる面白い物語というイメージに変わった」と振り返り文にまとめるなど，学習を通して作品への認識を深めることができました。そしてこのような振り返り文から，生徒それぞれが自分なりの作品に対する評価をもつことができた様子をうかがうことができました。

　今回，この単元での学習を通して生徒はどのようにして「ものの見方」が形成されるのかについての認識をもつことができたと思います。また，実際に自身の手で物語を読解し，分析することによって自身の抱いていた作品観が豊かになったことを実感できたと思います。生徒には今後，この単元での学習経験が1つの「足場」となって，他の作品を読む時，さらには芸術作品を鑑賞する時などにも，既存の情報や評価に左右されるのではなく，自分自身の手で分析し，作品に対して自分なりの価値観をもつことができるようになってほしいと考えています。それが本単元の探究のテーマ「対象についての価値観は表現の分析を通して確立される」のねらいでもあるのです。

（白井　大介）

2 歌は世につれ世は歌につれ
―現代の歌詞と古典の和歌を比較してみる―

1 ユニットプランナー

重要概念	関連概念	グローバルな文脈
ものの見方	テーマ　自己表現	空間的時間的位置づけ

探究テーマ
テーマを表現するために作者が選択したアイテムには，その時代・場所の人々のものの見方が反映されている。

探究の問い
事実的問い：現代の歌詞にはどのようなテーマに関わるアイテムが使われているか。 　　　　　　古典の和歌の中でのテーマに関わるアイテムにはどのようなものがあるか。 概念的問い：作品に使われるアイテムは，どのような働きをしているのか。 　　　　　　作品はどのようにその時代・場所の人々のものの見方を表すのか。 議論的問い：人はなぜ時空を超えて似たようなテーマで歌を作るのか。 　　　　　　ものの見方の違いはどのような原因から生じるのか。

評価のための課題と評価規準
総括的評価：現代の歌詞と和歌の比較分析のプレゼンテーション（A分析　B構成　D言語の使用）

ＡＴＬ
情報リテラシースキル：自分の選んだ歌詞と共通点をもつ和歌を見つける。 批判的思考スキル：自分の選んだ歌詞と和歌の共通点と相違点を見つけ，分析する。

学習者像
探究する人：自分の身近な素材とずっと昔に詠まれた和歌を比較することで，その違いがどこからくるのかを考える。

学習指導要領との関連
〔思考力，判断力，表現力等〕 【A　話すこと・聞くこと】 (1)イ　比較分析を発表する時にスライドに書く意見の根拠を明確にしてまとめる。 【B　書くこと】 (1)ウ　分析する時の根拠を明確にして，自分の考えたことを説得的に書く。

2 ユニットのねらい

　本単元では，J-POP などの現在流行している歌の歌詞と古典の和歌を比較します。これにより現代の歌詞と1000年近く昔に歌われた和歌の，時代を超えた共通点，同時に相違点の発見を促します。そしてそこから生徒が自分たちの生きている時代や古典の時代の「ものの見方」を探究することをねらいとします。

　1つ前の単元は「『月』にまつわるお話」というトピックでした。「月」を素材にした作品——『竹取物語』，百人一首の「月」を素材にした和歌，「月」にまつわる各国のおとぎ話など——を読んで「月」はどのように描かれているのかを，それぞれの作品に即しながら考えました。そこで生徒は「月」は共通の「アイテム」としてその時代や場所の価値観を反映して描かれていることを学んでいました。アイテムとは歌詞の中に繰り返し出てくる「月」や「花」といったテーマにつながる要素のことを指します。通常「モチーフ」という言葉を使いますが，中学1年生向けに分かりやすくしました。この1つ前の単元で学んだことをいかすように本単元を設計しました。

　本単元の一番難しいところは，比較による相違点の発見から，なぜその相違が生まれるのかの原因を「ものの見方」から捉え，またそれについて時代背景を通して考えるところです。当然，和歌が詠まれた時代や自分たちの暮らしている時代のことを相対化する視点も必要になります。

　生徒たちにとって自分たちが普段聞いている歌の歌詞と昔の和歌の関連性を発見することは，素材への親しみやすさをもたらし，古典の和歌をより身近なものとして捉える機会になります。それは同時に時空間を超えたつながりを意識させることになります。一方で相違点を考えることは時代性を考察することですが，これは古代と同時に現代の日本も意識することができ，グローバルな文脈とのつながりを考えさせます。

　基本的に授業では比較分析の作業が中心になります。また，比較作業のための作品の読み取りとテーマの分析にも力を入れます。それらの作業をふまえて自分たちの選んだ歌詞と和歌の比較分析についてのプレゼンテーションを総括的評価の評価資料とします。

3 学習プロセス

1次	1時	授業の導入，単元の説明，評価課題の説明，ATLスキル，学習者像の確認
	2〜4時	教師が指示した現代の歌詞の分析
	5〜7時	自分で選んだ歌詞を分析する。
	8〜11時	和歌について知る（和歌に触れる，和歌を鑑賞してみる）。

2次	12〜19時	現代の歌詞と和歌の比較作業（下調べ）ルーブリックの確認
	20〜21時	スライドづくり
3次	22〜24時	プレゼンテーション
	25〜26時	全体の振り返り

4 授業の様子

(1)導入

　授業の最初はトピックの説明から入り，授業の内容と流れを簡単に説明します。その時にこの単元で扱う概念や，評価課題，身につけていくＡＴＬスキルについて確認をします。

　今回，重要概念が「ものの見方」なので，生徒の「ものの見方」という言葉の例文を見せながら，今の段階での言葉の理解を確認しました。また探究テーマの中に出てくるグローバルな文脈に関わる「その時代・場所」については，今回は日本の古代の和歌と現代の歌詞を扱うことも説明しました。探究テーマの紹介はするのですが，この時点では軽く触れる程度であまり深く説明したり考えさせたりしません。授業の中で生徒たちが作業を通して理解していくことを目標とします。

　また，最後にこの単元での理解度をはかる総括的評価として何をするのか，そこでみるのはどういう点なのか（評価規準）を確認します。ＡＴＬスキルについてはこれから行う作業の説明の時にそこで伸ばしていくスキルとして一緒に説明をします。

　授業では毎時間5分程度「振り返り」をして，「何をしたか」「何を理解したか，気づいたか」「分からないことは何か」などを問い，次の時間に全体にフィードバックをしました。これは生徒に学習を振り返らせることを意図していますが，生徒の理解度や疑問を確認するのにも役立ちます。この振り返りではＡＴＬスキルのうちのどのスキルをどの場面で使ったかの確認もしました。

(2)現代の歌詞の分析

　まず，教師が提示した瑛太の『香水』と秦基博の『ひまわりの約束』の歌詞分析をしました。歌詞は「詩」の範疇に入りますが，今回はあまり細かくレトリックに触れないでとにかくどんな内容を読み取れるかをみんなで確認しながら，「1．どのような内容か説明する。2．どのようなテーマか一文で書く。3．そのテーマに関わるアイテムはどのようなものが使われているか（事実的問い）を書き出す。」をグループに分かれて考えてもらいました。これは歌詞のメッセージ性に気づいてもらうことも意図しています。この作業の振り返りでは「自分の選んだ曲に意味があることに気づいた。」という感想も見られました。『香水』では，「僕」は彼女のことが今でも好きなのかどうか，『ひまわりの約束』は友情なのか恋愛なのかで意見が分かれて議論になっていました。

(3)自分で選んだ歌を分析する

　次のステップとして，生徒が選んだ歌詞の解釈をします。教材としてはストーリー性がある
もの，テーマが分かりやすいものの方がよいです。生徒の聞いている歌詞の中にはテーマを捉
えるのが難しいものもありますから，生徒から扱いたい歌詞をアンケートでとり，その中から
テーマやアイテムが分かりやすいもの，ストーリー性があるものを教師が選びました。作品は
『ビターチョコデコレーション』『ドラゴンフライ』『ドライフラワー』『上を向いて歩こう』
『舞い散る花』などでした。「作品に使われるアイテムは，どのような働きをしているのか」
（概念的問い）という問いを投げかけ，これらの歌詞の解釈やアイテムの分析をグループワー
クで行いました。

　歌詞では言葉が省略されており，なんとなくの意味はとれ
るけれどはっきりした文脈が分かりにくいものもあります。
そこで，文章にして分かりやすく歌詞を書き直すように促し
ました。これによって生徒の歌詞の解釈がはっきりし，分析
の土台ができました。どのように書くのかについて生徒には
右のように教師が作ったサンプルを示しました（瑛人の『香
水』使用）。この作業の振り返りでは，一人の生徒は「現代
の歌詞の解釈をはじめにしっかりすることが大切だと気づい
た。」と述べていました。

> 瑛人『香水』の歌詞の一部
>
> ----
>
> （説明）夜中に急に別れた彼
> 女から「いつ空いてるの」っ
> て LINE をもらった。
> 君とはもう３年くらいあって
> いないのに急にどうしたの？
> って思う。

歌詞を分かりやすく説明する

(4)古典の和歌は「うた」だった

　今度は古典の和歌に取り組みます。始めに，1000年近く前の和歌は「うた」であるという点
を強調して確認しました。

　和歌は朗詠されるもの，歌われるものだった，という話をしたあと，YouTube を使って天
皇家の新春歌会の和歌の朗詠，与謝野晶子の肉声の和歌読み上げなどを聴かせました。また実
際に山部赤人の「富士山を望む歌」をみんなで一緒に読み，5，7，5，7……5，7，7の
長歌のリズムを味わいました。これは生徒が普段聞いている歌と同様，和歌も歌会などで歌わ
れるものであったことを知ることで親しみやすく感じてもらうことを意図しました。

(5)古典の和歌の鑑賞

　次に，和歌の背景知識を学んだ上で鑑賞していきます。

　最初に，平安時代という時代の特徴として，国風文化の台頭やひらがなの発明などを資料集
から確認し，どのような時に和歌が詠まれていたのかといった当時の風俗を含めて教師が講義
します。また『古今和歌集』仮名序を読むことで，当時の人の和歌への考えを学びました。

　その後，和歌を実際に解釈していきます。一人一首担当を決めて，資料集に載っている『古
今和歌集』の有名な和歌を読み，現代語訳と比較しながら，その内容について考えていきます。
テーマに関わるアイテムにはどのようなものがあるかを問い（事実的問い），その和歌のテー

マと，そのテーマに関係しているアイテムを考えてもらいました。

　生徒の振り返りから出てきた気づきとして「和歌のアイテムでは，自然の表現を使ったアイテムが多い。」というものがありました。また表現に対して「和歌では昔の日本特有の言葉を使って書いているので理解するのに少し困難でしたが，理解をすると昔の日本人は表現力が豊かで例えかたがとても上手なことがわかりました。」といった記述も見られました。

(6)現代の歌詞と古典の和歌を比較する〜下調べ段階〜

ⅰ 和歌と歌詞選び

　いよいよ比較の作業に入っていきます。作業時間は8時間ほどです。まず，生徒がどの歌詞や和歌を選ぶかに迷ってしまう場合に備え，(5)での生徒の気づきをもとに，百人一首によく出てくる「自然」に関わるアイテムとして「月」「花」「恋」などをピックアップしました。これらを使っている現代の歌詞を教師の方でいくつか出し，それに関わる和歌を見つけるよう指示しました。和歌は『小倉百人一首』のプリントを配りました。また，ネットで古典和歌を探してもよいので自分で見つけてみるように促しました。だいたいの生徒は好きな歌詞をすぐに選び，共通するアイテムかテーマがある和歌を選ぶ作業に入っていました。

ⅱ 共通点を探す

　まず共通点を探します。比較分析は共通点を軸にして考えることが大切なので共通点に関する2つの選び方を示しました。1つは共通のアイテムに着目した選び方と，もう1つは同じテーマに着目した選び方です。相違点を考える際に，前者の場合は，例えば「月」ならば「月」に託された思いの違いや，描かれ方の違いなどに注目して分析していきます。後者の場合は，同じテーマならばどんな違うアイテムを使ってそのテーマを表現しているのかを分析します。

　ここからは各自の作業に入っていきます。教師は，生徒の進捗状況をみながら，足場架けとして適宜フィードバックを与え，そこから出てくる生徒の躓きや気づきを見て全体に対する指導も調整していきます（形成的評価・差異化）。この段階では生徒の様々な疑問や気づきが出てきます。振り返りに出てくる内容や授業での質問から出てきたものは，その都度，全体に共有していきました。例えば作業中，生徒から「歌詞と和歌の繋がりはとても大きいことがわかった」という振り返りの記述がありました。それを次の授業で全体に共有しながら，「どうして現代の歌詞と和歌はつながりがあると思う？」（議論的問い）と問いかけをしてみます。そうするとある生徒から「気づいていないけれど文化的な言葉のつながりがあるから」という答えが出てきました。そのディスカッションを受けて，ある生徒は振り返りで「時代が変わっても伝えたいことは変わらない」と書いていました。

　歌詞は自分で決められるけれど，和歌を見つけるのに苦労している生徒が多かったので，教師がサポートに入りました。ネットでいろいろ調べていて「和歌がこんなにある」と数の多さに驚く生徒もいました。最終的に，生徒たちは万葉集から新古今和歌集の和歌まで幅広く選んでいました。

iii 和歌の知識を学ぶ

　だんだん作業が進んでくると，解釈で和歌の知識が必要になってくることもあり，「掛詞」「歌枕」「序詞」の説明をして和歌の理解を深めていきます。また，アイテムにあたるものが，歌ことばである場合は，歌ことばの辞典を引いてそのことばが和歌の伝統の中でどのような意味で詠まれてきたのかを確かめます。百人一首の和歌である場合は『百人一首解剖図鑑』などを見せて，詠まれた背景事情についての理解を促します。これは(5)の段階の講義でも教師が説明しましたが，自分で実際に和歌を解釈する時に得る知識は探究で得た知識となります。「恋」の和歌の場合は通い婚などの当時の風俗も紹介します。ある生徒は「似たような内容のものも多少の違いや表現方法や背景の表し方などが違う。例えば和歌の場合は通い婚のため男性を待つ描写があるが，現在では，男性が彼女にフラれたなど，女性が優位（？）に立つような描写がある。」といった気づきを振り返りで書いていました。

iv スライドづくりと評価の事前確認

　下調べができたら次はスライドづくりです。今回はオンライン授業と対面授業がまざった時期に授業をしたので，プレゼンテーションはスライドを作って説明する形にしました。評価規準Aは「２つの作品の共通点と相違点について述べられており，その違いから分かる当時の人の考え方，現代の私たちの考え方にも適切に言及する」，評価規準Bは「説明する内容を分かりやすいレイアウトで示し，説明の補助の資料も入れられている」，評価規準Dは「聴き手を意識して工夫した明確な説明ができている」といったことを，達成目標として示しました。

(7)プレゼンテーションと成果物

　プレゼンテーションは，スライドで説明する形式にしました。生徒１は，紀貫之「久方の光のどけき春の日にしづ心なく花の散るらむ」とSEVENTEENの『舞い落ちる花びら』を比べました。生徒の考えた共通のアイテムは「花」，考えた共通のテーマは「切なさ」と「幸せな一瞬が永遠になってほしい」でした。これはテーマと

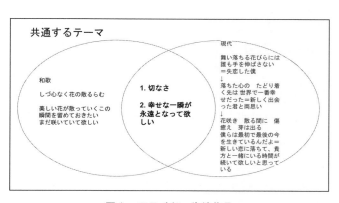

図1　スライド　生徒作品

アイテムが両方共通していた例です。それぞれの作品の中でのアイテムの働きは「２つとも花の美しさと短い花の生涯，散ってしまう哀愁を使って自分の感情を表現している」と分析していました。

　また生徒１は２つの作品の相違点は表現の仕方にあることに着目し，そこにものの見方の違いが表れていると考えました。それぞれの表現の特徴として，紀貫之の和歌は「花が散るのを客観的に見ている人間の視点／五七五七七という31文字に表現を閉じ込めている／ノンフィク

ション」であると分析し，歌詞については「自分を花にたとえている／歌詞に指定のルールなどがない／フィクション／時代につれて想像力の豊かさも発展したから同じテーマでもものの見方が異なってくる」と分析していました。このように表現の形式の違いにも言及しながら，現代の歌詞の方がより自由に想像力豊かに「花」というアイテムを使っていることを指摘していました。これらは「時代」による「変化」に関わりがあると述べながら，最後のまとめでは「国や時代を超えても，歌を聞けばその時と同じ気持ちになれると同時に表現方法が時代によって変わってくる。平安時代はビルやインターネットがないため，自然がより身近である。」と，とりまく環境の違いから「ものの見方」の違いが表れることを指摘していました。

　生徒2は閑院の「先立たぬ悔いの八千度悲しきは流るる水のかへり来ぬなり」とn-bunaの『言って。』とを比べ，共通のテーマを「親しい人がなくなってしまった悲しみと後悔」と考えていました。テーマに結びつく大切なアイテムとして，和歌は「流るる水」，歌詞は「牡丹の花と夏」をあげていました。同じテーマの場合は違うアイテムがどう使われているかを考えます。これらのアイテムは，和歌では「流れる水のように死んだ人はもとに戻らない」ともとに戻らない深い後悔を表すのに対して，歌詞では「牡丹の花と夏」というアイテムが表す「逝ってしまった君の思い出は残り続ける」という内容が「希望」を表しており，アイテムの働きが真逆であることを指摘していました。この「後悔」についてのものの見方の違いが出てくる原因として，和歌は「一人の作者が自分の思いを素直に伝えてそれを歌にしたもの」であるためこのような「少し暗め」の内容になっているのに対して，歌詞が「多くの聴衆に聞かせるために作った歌」であるため「希望」をもたせる内容になっている，と文化的背景と結びつけて考察していました。

⑻最後の振り返り

　探究テーマの理解は，比較分析の中での生徒たちの考察に見られましたが，最後にプレゼンテーションが終わったあとの振り返りで議論的問いを使ってさらに発展的に考えてもらいました。この時はオンライン授業だったので，事前に提出してもらっていた議論的問いに対する答えをGoogleドキュメントで掲示しました。そこに各自コメントを入れていくサイレント・ディスカッションという形で質疑応答をしました。

　「人はなぜ時空を超えて似たようなテーマで歌を作るのか」という議論的問いに対しては「昔の歌があるからこそ，今の人に受け継がれている。だからテーマが同じになることがある。」という答えがあり，それを読んだ生徒が「この文を読んだ後によく考えると，世の中はアレンジで溢れているのかもしれないと思いました。現代の人々は昔の人々のテーマを受け継ぐだけではなく，インスパイアしてアレンジを加えているからこそ，良いテーマを作り続けることができるのではないのかと思い，とても納得しました。」とコメントをしていました。他には「時代や場所などそれらが違っていても人間の感情がそれらを超えても変わらないから。」「自分の身の回りで起きたことや自分の感情を歌にしているから。」といった答えもあり，議論

が盛り上がりました。

　「ものの見方の違いはどのような原因から生じるのか」という議論的問いに対しては「ものの見方の違いは聞き手のテーマに対するイメージや日常で使うものの違いが関係していると思います。」というコメントがありました。また他には「環境，人柄」「性別，時代」と単語で原因をあげた生徒もいました。

　そして最後に，この単元の重要概念であった「ものの見方」について Jamboard を使って，自分の言葉で説明してもらいました。「人それぞれの考え方や受け取り方」「その物に対してどう感じるか，どうとらえるかだと思う。一つのリンゴを見ても，最初の着眼点がそれぞれ違うようにどんな作品を見てもそれぞれ違う見方がある。そ

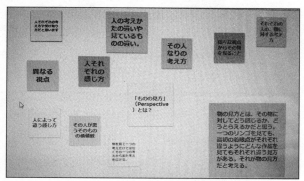

図2　「ものの見方」についての記述

れが物の見方だと考える。」「その人から見えるものの世界観や価値観のこと」といったものがありました。それぞれの具体的な作業から，1つの言葉に対するものの見方が形成されていました。

5　振り返りと学びの広がり

　今回の比較分析という作業は，比較するものの特質を浮き彫りにする効果がありました。それは「テーマを表現するために作者が選択したアイテムには，その時代・場所の人々のものの見方が反映されている」という探究テーマの理解へとつながり，さらに広がっていきました。

　生徒たちは，古典の和歌と現代の歌詞との比較を試みることを通して，古典の和歌の表現の特徴や背景についての知識を用いて，自分たちが普段聞いている歌の歌詞の特徴やその背景を深く考察し，新たな発見をしていました。例えば，現代の歌詞の意味内容の解釈から歌詞のメッセージ性に気づくことで，自然とその背景にある意図を考え始めていました。その意図を，歌手やグループのバックグラウンドのコンテクストと結びつけて考える生徒もいる一方，現代の歌詞は多くの人に向けて歌うものだからこのようなメッセージになったという伝達の形態の効果として考える生徒もいました。K-POP の日本語の歌詞を分析した生徒は，韓国と日本の文化の共通性とその違いについて考えていました。このような1つの発見を起点として，さらに大きな視点から次の発見へと結びついていく様子は古典の和歌の分析にも見られました。

　こうして探究テーマの理解を通して，古典から現代へ，そして世界へと，身近なものからだんだん広がっていく学びの転移を生徒は経験できたのではないかと考えています。

（矢田　純子）

3 「読み」の変容 テクスト vs. コンテクスト
―『セメント樽の中の手紙』を通して―

1 ユニットプランナー

重要概念	関連概念	グローバルな文脈
ものの見方	登場人物　コンテクスト　テーマ	アイデンティティーと関係性
探究テーマ		
作品内に限定した「読み」とコンテクストに則った「読み」には差違が生ずる。		
探究の問い		
事実的問い：登場人物はどのように描かれているのか。 　　　　　　登場人物は小説内の出来事によってどのように変容する（しない）のか。 概念的問い：社会状況は小説にどのように反映されるのか。 　　　　　　読者の作品の捉え方に影響を与えているものは何か。 議論的問い：テクストからどのような社会状況が読み取れるのか。 　　　　　　コンテクストの知識によって「読み」はどのように変容するのか。		
評価のための課題と評価規準		
プロレタリア文学に関するポスター制作：（A分析　B構成　C創作） 作品の主題に関する小論文（期末考査）：（A分析　B構成　D言語の使用）		
ATL		
コミュニケーションスキル：情報を求め，そして楽しむために多様な資料を読む。 批判的思考スキル：多角的なものの見方に基づきアイデアを検討する。		
学習者像		
知識のある人：小説の書かれた当時の時代背景，プロレタリア文学に関して知る。 考える人：二通りの「読み」を通して，その共通点と相違点を探る。		
学習指導要領との関連		
「言語文化」〔知識及び技能〕 (1)エ　文章の意味は，文脈の中で形成されることを理解すること。 　テクストのみの「文脈」と背景を含めた「文脈」による理解の差異を知る。		

2 ユニットのねらい

　本ユニットは2019年度，翌年からＩＢディプロマプログラム（高校２〜３年生対象，以下ＩＢＤＰ）で言語Ａ日本語「文学」を履修する高校１年生16名を対象に行いました。このユニットに先立って，『批評の文法』（井関，1972）[1]に基づいて芥川龍之介の『羅生門』を扱い，分析の切り口として以下のような批評の用語（≒観点[2]）とその使い方の習得に取り組みました[3]。

　　　主題，ストーリーとプロット，題材・モチーフ，話主（語り手，一人称・三人称限定・
　　　三人称全知・二人称），視点，焦点人物，時間，イメージの使い方，人物（キャラクタ
　　　ー，性格描写），作調，アイロニー，メタフィクション，冒頭と結末，間テクスト性
　　　Intertextuality（言語Ａの『手引き』ではテクスト間相互関連性）

　学習者がこれらの観点を獲得し，活用できるスキルを定着させるために，本ユニットでは他の小説に取り組ませていきます。つまり，転移の練習です。さらに，ＩＢＤＰのコアの１つである Theory of Knowledge（ＴＯＫ）[4]との関連として「作品のみ（テクスト）と，その背景（コンテクスト）を加えた場合の読みの差違」について考察を深めるという探究テーマを設定しました。藤本（2018）の実践[5]ではプロレタリア文学に関する知識は授業者が与えていますが，本実践では，リサーチ力，資料作成力，そして発表力をつけるために，学習者がグループで調べてポスター発表をしました。プロレタリア文学という背景の知識を得たのちにもう一度，テクストの解釈を共有し，その差異を確認しました。最終的な評価の対象として学習者は，考査で本作品の主題に関して小論文を書きました。

1　井関義久著（1972）『批評の文法　分析批評と文学教育』大修館書店
2　井関（1972）に加えて，廣野由美子著（2005）『批評理論入門「フランケンシュタイン」解剖講義』中央公論新社，松本和也著（2016）『テクスト分析入門　小説を分析的に読むための実践ガイド』ひつじ書房も利用しました。
3　福島浩介（2020）「『言語Ａ：文学（日本語）』の導入としての『国語総合』の授業」『国際バカロレア教育研究』第４巻　日本国際バカロレア教育学会
4　「知の理論」とは，ＩＢＤＰで必修の科目です。「知識に関する問いを考察し，知るプロセスを探究します。（ＴＯＫ指導の手引き，国際バカロレア機構，2020）」とあるように，知るとは何か，知識とは何かという問いを通して，これらをメタ認知し，理性的な考え方を養います。文字通り，教科を繋ぐコアであるわけです。ＴＯＫの授業（ＩＢＤＰの19ヶ月間で100時間程度）もあると同時に，各教科内でも扱う題材に対してメタ的な認識を促す活動を盛り込みます。
　　第一言語を扱う言語Ａ（日本の場合は，国語にあたります）では，「ＴＯＫのコースでは，知識の本質（nature of knowledge），そしてそれがどのように構築され表現されるのかについて考察します。「言語と文学」でも同様に，人間の経験の本質を探り，個人的見解がどのように構築され，表現されるのかについて探究します。（「言語Ａ：言語と文学」指導の手引き，国際バカロレア機構，2019）」ということになっていますので，その一環として，背景知識の有る無しによって「読み」（＝個人的見解）の構築がどのように影響されるのか（されないのか）ということに取り組むことにしました。
5　藤本晃嗣（2018）「『セメント樽の中の手紙』授業実践—異なる〈読み〉を体験するための教材として—」『米子工業高等専門学校研究報告』米子工業高等専門学校

3 学習プロセス

1次	1時	本文を読み，語彙などを確認したあと，初読の感想を書いて提出させる。
	2〜3時	初読の感想をもとに，『羅生門』を扱った際に学んだ観点に沿って，テクストの読みをクラスで共有する。また，仮の主題を設定しておく。
2次	4〜6時	プロレタリア文学と小林多喜二，葉山嘉樹について班で調べ，まとめとして発表用のポスターを制作する。
	7時	各班のポスター発表を行う。
3次	8時	プロレタリア文学について発表をしたあとの「読み」の変化をクラスで共有する。
	考査	各自，この作品の主題を設定し，それがどのような表現・手法で表されているかを500〜600字で論述する。

4 授業の様子

(1)テクストのみによる「読み」

　学習者は，第1時間目に本文を通読したのち，初読の感想と分析を600〜800字で書きました。これは次時以降，各学習者がそれぞれの読み・分析を共有し，議論し，アップデートし，クラスとして「読み」を深める下準備となるものです。その際，授業者は，『羅生門』で扱った分析の切り口として，批評の観点（以下，【観点】）から，題材・モチーフ，語り手（その効果），主人公，視点，イメージの使い方，結末，描かれているもの（→仮の主題），作者が選択した言葉がポジティブかネガティブかなど，いくつかに触れることを促しました。【観点】の定着を図るとともに，実践のスキルを磨きました。

　第2時間目からそれぞれの初読の感想と分析を共有しました。板書では，授業者の提示する項目は黒，学習者の発言は青でホワイトボードにまとめました。ここでは学習者の発言を明朝体で示します。この際，学習者の意見が分かれたものに関しては「？」を付してのちに，学習者同士が議論して解明していくことにしています。

　まず【観点】から，それぞれの学習者が自分の見いだした〈主題〉〈モチーフ〉（以下，〈　〉で示します。）をあげました。この時点では，各学習者があげた主題の候補を「仮設定」として列挙しました。そして，考査で，これらについてのコメンタリーを書いて検証してもらうことを告

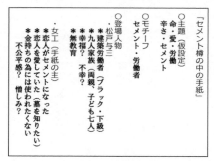

「セメント樽の中の手紙」
○主題（仮設定）
命・愛・労働
辛さ・セメント
○モチーフ
セメント・労働者
○登場人物
・松戸与三
＊建築労働者（ブラック・下級）
＊九人家族（両親，子ども七人）
＊無教育
＊幸福？不幸？
・女工（手紙の主）
＊恋人がセメントになった
＊恋人を愛していた（墓を知りたい）
＊金持ちの為には使われたくない
不公平感？　憎しみ？

図1　主題，モチーフ，人物の分析

げておきました。次に〈人物〉についての事実的問いとして，登場人物の描かれ方についてテクストから読み取れることをあげました（図1）。

〈視点〉〈語り手〉に関する分析では，三人称限定視点で主観的話し手による語りですが，焦点人物（≒主人公）である松戸与三の無意識に関する言及はなく，『羅生門』の話し手とは違うという

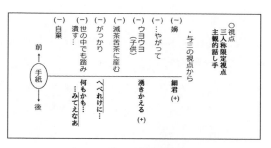

図2　視点，語りの分析

意見が出ました。次に，事実的問いの〈主人公〉の変容について取り組みました。「与三の視点から」として図2左側上の項目，つまり手紙を読む前の与三に関わる記述を授業者があげたのに応じて，学習者は手紙を読んだあとの対応する表現を探し，発表しました。これは「手紙」の与三に対する影響に気づくための作業ですが，一通り，項目があげられたあと，それぞれの記述の意味合いがポジティブ（＋）なものかネガティブ（－）なものかを考え，それを記号で付しました。この作業は，その記述・表現の意図を読み取ったり，出来事の前後での登場人物の変化を読み取ったりすることができ，テクストを分析に有効な方法の1つです。今回の授業では，与三の家族に対する考えはポジティブなものに変わったが，世の中に対する思いはそれほど変わらないか，よりやるせない思いとなっていることが明らかになりました。

次は〈結末〉に関して取り組みました（図3）。『羅生門』と同様，開かれたエンディングであることは全員一致でしたが，その後を想像した際にはそれぞれの学習者の個性が表れています。あげられた意見に対する意見や疑問（「やりたいが出来ない」「どんな返事？」）なども取り上げ，板書でマッピングしてまとめることで議論の深化を図りました。「やりたいが出来ない」に関しては，「へべれけに」「…

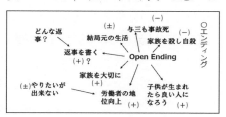

図3　続きの予想

みてえなあ」という記述から，与三が酔っぱらうしかない，空想するしかないといった意見が出，「返事」に関しては，女工の手紙にあった依頼の内容のみというものから，女工を元気づけるもの，絆を結ぼうとするものまでいろいろあげられました。このように，学習者の協働によって「読み」がアップデートされ，そ

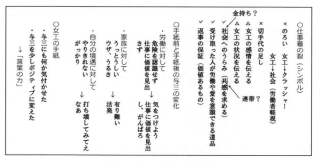

図4　シンボルの分析

れが共有されていくように交通整理をするのが授業者の役割です。出た意見はいったん板書し，その後，学習者がより妥当か妥当でないか判断し，仕分けします。図3と同様，（－）（＋）の記号を付していくのですが，どちらとも取れない（取れる）ものに関しては（±）という記号

を使います。

　次に〈シンボル〉について考えましたが，授業者が，例として「仕事着の裂（きれ）」をあげ，妥当性を検証しました。×，△，✔などの記号がクラスとしての判断です。「金持ち」「連帯」とあるのは，こちらの方がより適切な語なのではないかという学習者の発言を書き込んだものです。大村はま氏の「この言葉こそ」にもあるように，授業の中で，よりよい言葉を探るという活動（言語の発達を促す）もこのように授業の中で行えると考えます。ここで，事実的問い「主人公の変容」に関して，授業者から，手紙が与三に与えた影響に関してより分解した項目（図４，「労働に対して」等の項目）を与えました。学習者は，図２でまとめたものと併せ，それぞれの項目に対して手紙前・手紙後の変化を列挙し，変化を見て取れたと思います。そして，それらをふまえて手紙の効果を帰納的に導き，「〇女工の手紙」の項でまとめました。さらに，授業者からの「手紙が与三に変化をもたらしたその効果は何によってか」という問いに対し，「言葉の力」であろうという「手紙の作用」の概念化にまで到りました。

　ここまでが，「テクストのみの読み」です。各学習者の初読の感想と分析を共有し，討議することによって，与三，家族，女工の状況や人物像，また相互の関係性などテクスト内だけで読み取れることがらについてクラスとしてまとめることができました。ただ，これは各学習者のそれぞれの分析を否定するものではありません。

(2)ファシリテーターとしての授業者の役割

　授業では，学習者が各自の読みと分析を共有，議論することで深化するという方向性を心掛けました。初読の感想や分析の記述をする段階で，分析の観点の項目を示し，学習者が読みを深める過程を補助しました。クラス全体での討議では，すべての発言を板書し，学習者相互で吟味することを促します。このように，分析の共有や協働による吟味の過程で，アップデートされる発話を交通整理することが教師の重要な役割です。授業者は交通整理をしながら，発言が出るまで待つ姿勢をもつことも重要です。学習者の発言がなければ進まないという状況をつくることで，発言も増え，お互いの意見に対しての議論も発生します。また，板書の工夫も重要です。議論の流れを整理し，討議の過程を可視化しておくと，授業のリフレクションでも役立つのです。例えば，一貫した階層を表す記号や色の使い方を設定しておくとよいでしょう。「授業者，強調，重要事項，生徒の発言，→，＝」など項目の記号や色の使い方に一貫性をもたせておくのです。これらのルールは学習者が自分でテクストを分析する際に，図式化を行う場合にもいかされます。

(3)プロレタリア文学に関するリサーチとポスター発表

　テクストのみによる読みと分析に関する共有を行ったあと，グループに分かれ，プロレタリア文学に関するリサーチとポスター制作を行いました。これは，概念的問い「社会状況は小説にどのように反映されるのか」，議論的問い「テクストからどのような社会状況が読み取れるのか」にアプローチする下準備となります。写真は実際の作品の例です。リサーチをするにあ

たって，プロレタリア文学という文芸思潮と，作家の葉山嘉樹と小林多喜二について調べることを促しました。特高警察に虐殺された小林とのちに転向した葉山という対照的な作家人生を送ったと考えられる二人を調べることで，立体的にプロレタリア文学について考察できるだろうと考えたからです。

高校1年生では，扱う作品に関する気づきを得やすいように，授業者が調べる項目をいくつか限定し，ある程度の枠組みを与えることも必要でしょう。徐々に与える枠組みを減らしながら，練習を繰り返すことによって，自立した学習者が育つのだと思います。

本実践では，模造紙を使ったポスターを制作し，各グループ5分間の発表をしました。この活動から形成的評価を行いました。オンライン授業なら，Google スライドで発表したり，Google フォームで投票をすることも効果的でしょう。

⑷作品の背景（コンテクストを加えた読み）

上述の過程を経て，もう一度テクストに戻り，テクストのみで読んだ場合と，プロレタリア文学という文芸思潮や作者に関する知識，また学習者が歴史の授業で取り組んだ当時の日本や世界の情勢をふまえて読んだ場合の比較を行いました。図5右上のTOK -ish とは私が使用してい

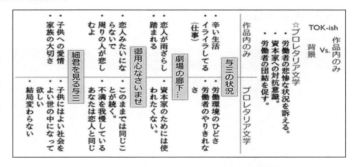

図5　歴史的コンテクストをふまえた解釈

る「TOK的な」という意味の造語です。前述のTOK的な観点である，「作品のみ（テクスト）と，その背景（コンテクスト）を加えた場合の読みの差違」を明らかにしようとするのだと明示するために板書しました。

まずは，プロレタリア文学の定義に関して，学習者がリサーチで得た知識をもとにあげました。次に授業者が示した場面に関して，学習者が前後の意味づけの変化を発表しました。この比較から，社会状況の反映としての登場人物といった様相が見えてきました。テクストのみの読みの段階で考察した登場人物とその関係性についての「読み」が，当時の労働者の状況，労働者対資本家という構図などもふまえた重層的でより深い「読み」に変容していきました。これは議論的問い「コンテクストの知識によって『読み』はどのように変容するのか」を自覚することができました。議論的問いのテクストから読み取れる社会状況については，資本家に搾取されている労働者，格差の問題，またその状況に抗する手段の1つとしてのプロレタリア文

学があるという認識に辿り着くことができます。概念的問いの小説に反映される社会状況については，社会状況が小説の無名の声なき労働者の姿に反映されているという結論に到達していました。議論的問いの読者の作品の捉え方に影響を与えているものについては，テクスト自体また背景の知識，両方が作品の捉え方に影響を与えている考察まで到達することができました。

5　成果物とその評価

　このユニットのまとめとして6月の第一回考査（75分，大問3問のうちの1問）で，『セメント樽の中の手紙』について，この作品の主題を1つに関する問いを設定しました。「作品の中でどのような手法，表現等で表されているのかを500字程度（本文の引用も含む）で論じなさい。主題について論じてあれば十分ですが，その主題の効果についての言及があれば，加点します。」という問いです。採点は，「A分析」24点（知識と理解，設問に対する答え，文学的表現技法についての認識に対して各8点）・「B構成」8点・「D言語の使用」8点の40点満点のルーブリック評価です。ここでは紙幅の都合一例のみですが，学習者の「初読の感想と分析」（テクストのみの読み，形成的評価の対象）と「考査の答案」（コンテクストを加えた読み，総括的評価の対象）を並べて掲載し，一人の学習者の読みの変容を明らかにしてみようと思います。

初読の感想と分析	考査の答案　考査得点　40/40
「セメント樽の中の手紙」はセメントを扱う労働者を描いた葉山嘉樹による小説である。葉山嘉樹は主人公である松戸与三の心情に入り込みつつ，客観的にストーリーを描いており，よってこの小説は三人称限定視点であると言える。三人称限定視点を用いることで，葉山嘉樹は，松戸与三の自らの生活に対する不満を細く描写することを可能にすると同時に，女工や細君など他の登場人物の考えていることをあまりはっきりしないようにし，読者がより松戸与三の立場に入り込めるようにした。 　また，この小説は，主人公のバックグラウンドにセメントが大きく関係しており，セメントによって，物語のプロットが進み，セメントという単語そのものも何度も繰り返されていることから，セメントがモチーフであることが伺える。セメントは暗く，冷たく，無機質なものの象徴とも言えるものであり，セメントをモチーフとして用いることで話全体に暗い印象を投げかけている。他にも「夕暗に聳える恵那山は，真っ白に雪を被っていた」，「足元では木曾側の水が白く泡を噛んで，吠えていた」などと暗く自然や自然の中での厳しさを示すようなイメージが使われている。 　葉山嘉樹は当時苦しい生活に置かれていた労働者が，他の同じような立場に置かれた人間の不幸を知り打開出来ない悲惨な状況に置かれている自分の生活について再考することにより，フラストレーションを募らせる様子を，暗く，厳しく，冷たい雰囲気の中で，松戸与三の心情に入り込める視点を通して語ることで，希望のない生活の中で，人々の心情がどう変化するかを描いている。	「セメント樽の中の手紙」は葉山嘉樹によって書かれたプロレタリア文学であり，労働者を搾取する社会を主題として描いている。 　作中にはセメントという言葉がよく使われている。セメントは労働者によって加工され最後には冷たく無機質なものとして固まる。これは労働者達によって形作られながらも彼らに対して無情だった当時の社会を表すシンボルだと言える。作中で与三はセメントを長時間扱うことで肉体的に蝕まれていく。これは与三に代表される労働者達が厳しい労働に象徴される当時の社会に蝕まれ搾取されていく様子を表している。また女工の手紙には彼女の恋人が労働中，セメントに呑まれてなくなったと書かれている。これは労働者達が労働の末，社会に呑まれていったことを象徴している。セメントという社会のシンボルに苦しむ労働者達を描くことで，当時の労働者を搾取する社会を表現した。 　プロレタリア文学である本作を通して当時の労働環境に警鐘を鳴らすため，葉山はセメントを当時の社会のシンボルとして用い，当時の労働者を搾取する社会を描き出した。

　この学習者は，初読の感想と分析で視点，モチーフ，イメージなどに言及し，表現の分析を通じてテーマにも言及がされています。この段階で，授業での共有・議論の準備として十分なものが書けていると思います。考査の答案では，モチーフを用いて各部分を分析し，各場面に

自分なりの意味づけを行っていました。さらにプロレタリア文学であることをふまえ，作品の創作意図にも言及できていました。モチーフのセメントについては「冷たく無機質，暗さ」から「労働者を蝕み搾取する社会の象徴」へ，登場人物の造形については「悲惨な状況に置かれた人物」から「蝕まれ搾取される労働者の代表」へと，捉え直していました。テーマも「希望のない生活の中での人々の心情の変化」から「労働者を搾取する社会」と変容しました。「ものの見方」がコンテクストによって変容する可能性があることを理解できたようです。ルーブリック評価に照らし，各項目に満点を与えました。

　この考査では，この作品がプロレタリア文学であることをふまえ，テーマを「愛」として，「愛のない与三→女工の愛→愛に気づく与三」という構成で論じた学習者がいました。コンテクストの作用を理解した上で，テクストのみの読みの方を採り，十分に論じられていたので高得点としました。

　どちらの「読み」を好むかは，偏に学習者の決めることですし，それに優劣が付けられるものでもありません。

6 振り返りと学びの広がり

　私は，ふりかえりを「過去（現状の認識）→未来（次のゴールの設定）→現在（ゴール到達への具体的方策の策定）」の３つを含むものだと考えます。ふりかえりでは，必ず「今後の課題＝未来」を書くように促します。本ユニットでも，前のユニットで取り組んだ文芸批評を，他のテクストに対して実践する（「転移」）という目的は果たすことができました。加えて，授業での結論を１つに絞らないことで学習者はもやもやしたとは思いますが，もやもやすることに慣れることで，「１つの正解が存在するとは限らない」ことを理解し，自分なりの納得解を模索することも体験できました。しかし，「『読み』の変容　テクスト vs. コンテクスト」に関して学習者各自が十分に共有，議論，咀嚼，言語化する機会をもつことができず，ＴＯＫ的な側面を扱う部分に関しては不完全に終わってしまった部分もありました。次のゴールとしては，第２次と第３次の部分に改善が必要と考えています。第２次に関しては，他教科と教科横断という方法があります。例えば，日本の近代史の授業との教科横断ができれば，学習者はより立体的な学習の経験ができ，「学び」は有機的に連関しているという実感ももてることでしょう。また，第３次に関しては考査としてではなく，各自が Google Docs，Padlet などのツールを使い，２つの「読み」の差異についてまとめたものを共有すると，授業内に限らずいつでもどこでも相互に疑問，気づき，評価を記入することができ，また，他の学習者の考えを読むこともできます。そして，それらを授業でもう一度取り上げた上で学習者がふりかえりをするという方策をとれば，協働を通して理解と思考がより深まり，学習したことの抽象化，概念化も可能となるでしょう。

（福島　浩介）

エージェンシー

　平成29年版学習指導要領では，「主体的・対話的で深い学び」が目指されるようになりました。この学習に主体的に取り組む姿勢が「エージェンシー（Agency）」です。ＩＢでは，エージェンシーを「目標を掲げて自律的に取り組み，達成することによって自己効力感を得る一連の行動を促すもの」と定義しています[1]。このエージェンシーを育むために，学習者が「ボイス（Voice）」「チョイス（Choice）」「オーナーシップ（Ownership）」をもつことを重視されています。

　「ボイス」とは，「①学習者自身の声をもつこと，②他者の声に耳を傾けること，③自分の内なる声を聴くこと」です。学習者は声をもつことによって，学習活動の中で「役割」をもつことになり，主体的に参加するようになります。先生方も，授業の中で，発言，対話，話し合いの場面を効果的に取り入れていきましょう。

　「チョイス」とは，学習課題やその進め方を学習者自身が選択することです。自分自身で意思決定をして選び取ることによって，自己管理の意識が芽生え，「責任」と「自己調整」する力が育まれます。また，学習の過程を客観的に捉えるメタ認知も促されます。選択肢は多すぎても少なすぎても作りこみすぎても効果が半減します。最適な選択肢をデザインすることが教師の腕の見せどころです。

　「オーナーシップ」とは，学んだことが自分のものになったという「達成感」「自己効力感」です。この実感をもつことで，学習者の自己肯定感も向上し，アイデンティティー形成に大きな影響を与えます。また，学習の主導権が自分にあることを実感することは次の学習意欲につながっていきます。学習の成果発表やふりかえりで，自分ができたことを実感し，次の学習につながる機会をもてるようにしていきましょう。授業のリフレクションは大変重要です。

　エージェンシーが身につけば，目標を設定し振り返りながら責任ある行動ができるようになり，自分の人生や周りの世界に対してポジティブな影響を与える市民に成長できます。ＯＥＣＤでは，エージェンシーを「社会参画を通じて人々や物事，環境がより良いものとなるように影響を与えるという責任感を持っていること」と定義しています。社会や自分の人生のより良い方向を目指す羅針盤と喩えています[2]。学習者一人一人がこの羅針盤を活用できるようにするために，「ボイス，チョイス，オーナーシップ」を獲得できる授業をデザインしていきましょう。

　そして，このエージェンシーは生徒だけのものではありません。先生方もエージェンシーを発揮し，新たな授業づくりに取り組んでいきましょう。教師も生徒も共に生涯学習者なのです。

（中村　純子）

1　Simon Davidson（2020）"Agency Learners in charge　Teaching for Success" Hodder Education
2　東京学芸大学次世代教育研究推進機構（2020）『2030年に向けた生徒エージェンシー（OECD Agency for 2030 日本語訳』OECD Future of Education and Skills 2030

第3章

重要概念「創造性」で深める学び

「創造性」とは，「今までにない考えを生み出し，すでにあるアイデアを新しい観点から考える過程」です（『MYP：原則から実践へ』）。

生徒が自分で作品を作るということ以外にも，ある問題を解決するために新しいアイデアや価値を見出すことも創造性の発揮と言えます。

また，創造性は成果物だけではなく，過程にも表れます。その過程を見取ることも重要です。

1 創造は試行錯誤の繰り返し
―俳句・短歌の創作活動と振り返りを通して―

1 ユニットプランナー

重要概念	関連概念	グローバルな文脈
創造性	自己表現　スタイル	個人的表現と文化的表現
探究テーマ		
個人の想いや体験は，既存の表現スタイルを試し吟味することによって，他者に伝わる創造的表現となる。		
探究の問い		
事実的問い：俳句や短歌にはどのような技法があるのか。 　　　　　　作品を参考にする方法には，どのようなものがあるのか。 概念的問い：個人の想いを表現するのに，既存のスタイルを参考にすることがなぜ大切なのか。 　　　　　　個人の想いや体験は，どうすれば他者に理解可能なものとなるのか。 議論的問い：スタイルを活用することは，個人の想いを表現するのにどの程度役立つのか。 　　　　　　別の作品を参照することは，自己表現の幅をどの程度広げるか。		
評価のための課題と評価規準		
俳句・短歌の創作と解説文の執筆（A分析　C創作） 　既存の作品を参考にしながら自分の体験を俳句または短歌で表現し，解説の文章を書く。		
ATL		
振り返りスキル：他者の作品を真似することで，創作のプロセスに焦点を当てる。		
学習者像		
振り返りができる人：創作のプロセスへの振り返りや自己評価を行う。		
学習指導要領との関連		
〔思考力，判断力，表現力等〕 【B　書くこと】 (1)ウ　自分自身の想いを他者と共有するために，表現の仕方を工夫する。		

2 ユニットのねらい

　本単元で個人の想いや体験を創造的な表現にするための方法について探究します。生徒は俳句や短歌の創作活動を通して，表現や言葉の選択などのスタイルの効果について検討しました。

　単元のゴールを設定する時に念頭にあったのは，創造は単なる「思いつき」や「ひらめき」ではなく，「試行錯誤の繰り返しの中で生まれる」ということでした。そのため，本単元では言葉の選び方や表現の工夫を生徒が試し，検討していくことを重視しました。具体的に，生徒は俳句や短歌を創作する過程で，既存の作品から表現のスタイルを参考にします。そして，完成した作品に対して互いにフィードバックをしあうことで，自身の選択した表現がどの程度効果的だったのかを振り返ります。単元末には，クラスメイトからのコメントをふまえた上で創作物を推敲し，創作過程を振り返るための解説文とともに提出をしました。

　創作過程で生徒の思考がどのように変わっていったのかを教師と生徒が見えるようにするため，振り返りの機会を多く取りました。振り返りでは，のちほど述べる「OPPシート（One Page Portfolio：一枚ポートフォリオ）」というツールを用いて，生徒が創作過程を言葉にし，創造性，スタイル，自己表現といった概念について考える機会をつくりました。

　以上のように，この単元では創作過程の体験と振り返りを通して，表現技法や言葉の選択といったスタイルの効果について，表現者の視点から探究することをねらいとしています。

3 学習プロセス

1次	1時	単元全体の確認：探究テーマ・総括的評価・一枚ポートフォリオ評価（OPPA）などについて確認する。
	2時	総括的評価課題の具体例を用いたルーブリックの確認
	3時	俳句・短歌の形式や技法の確認
2次	4〜8時	俳句・短歌の創作活動 ①題材となる写真選び，②参考にする既存の作品選び，③作品の構成，④作品の下書きを，各生徒のペースで進めていく。
	9時	作成した下書きの相互評価
3次	10時	解説文の構想を練る。
	11〜12時	解説文の執筆
	13時	執筆した解説文の相互評価
4次	14時	総括的評価課題の相互評価
	15時	単元の振り返り

4 授業の様子

⑴生徒と単元のゴールを共有する（第1次）

　まず，この単元の全体像とゴールを生徒が把握する時間をつくりました。生徒に考えてほしいことや身につけてほしいスキルを明確にすることで，学習への動機づけを促すためです。具体的には，探究テーマ，重要概念と関連概念，単元末の課題について確認したり，毎授業の振り返りについて説明をしたりする時間を取りました。この段階ではまだ，重要概念と関連概念について詳しい説明はせず，「創造性，自己表現，スタイルといった概念について考えてもらいます。」と紹介に留めました。なぜなら，生徒たちにはこれらの概念の定義を暗記するのではなく，これらの概念をもとに，自分なりの理解を築いていってほしかったからです。

　一方で，単元末の課題については，生徒に具体例を採点してもらう活動を取り入れ，詳しく説明を試みました。生徒が単元末課題のモデルを評価することによって，ルーブリックの内容を具体的に理解することができます。また，単元末に提出する課題の内容と形式を具体的に把握しておくことが，学習活動に目的意識をもたせることへつながると考えました。具体例の採点を終えたあと，生徒にはルーブリックの観点ごとに単元末課題のポイントを伝えました。例えば，評価規準C創作では，俳句や短歌を作る時に表現技法を明確にすること，作品を作って終わりにするのではなく，クラスメイトにコメントをもらうこと，そして，そのコメントをもとに，自身の選択した表現スタイルがどのくらい効果的に機能したのかを振り返ること，などを伝えました。

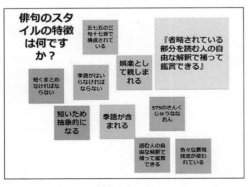

図1　Jamboard に生徒が貼り付けた情報の例

　次に，関連概念である「スタイル」について学ぶため，俳句と短歌を作る上での知識事項を全員で共有していきました。ここでは，教科書の教材や資料集を使用しながら，「俳句や短歌にはどのような技法があるのか」「作品を参考にする方法には，どのようなものがあるのか」といった事実的問いへの学習を進めました。

　これらの知識事項をクラス全員で確認する際は，Jamboard というアプリを利用しました。これをクラス全体で共有することによって，図1のように各生徒が理解したことや重要だと感じた情報をメモすることができます。もちろん，多くの情報の中から重要な部分を選び取るのが難しい生徒もいますので，Jamboard 上には事実的問いの他にもいくつか問いを準備しました。生徒たちは，それらに答える上で役立ちそうな情報を教材から選び出し，図1のような画面上で情報をメモしていきました。例えば生徒は教科書の教材文から，俳句の特徴として，省略された部分に読者が自由な解釈を加えることがで

きる点に着目したり，作品を参考にする際には，引用という方法もあればスタイルをマネする方法もあることに着目したりしていました。

(2)探究の問いを意識した創作過程（第2次・第3次）

　目標や知識事項を全体で確認したあとは，俳句・短歌の創作を進めていきます。創作の過程では，取り組んでほしい活動とワークシートをまとめたブックレットを事前に作成し，生徒が自分のペースで創作活動に取り組めるようにしました。一方で，教師は授業中に，生徒と1対1の話し合いをする時間を設け，生徒が困っている点や創作の参考になると思われる点について助言していきました。

　ブックレットは，「題材設定」「構成」「記述」「推敲」「共有」といった，「書くこと」に関する活動を丸ごと体験できるように意識して作りました。例えば，題材設定の段階で，作品のモチーフになる出来事や情報を集めるために，生徒たちは自分で撮影した写真を3枚準備します。写真をもとにすることで，実際の体験を想い起こしやすくなると考えたからです。そして，生徒はそれぞれの写真に対して五感からイメージできることをメモします。この活動を通して，より豊かな体験ができた時の写真はどれだったのかを生徒は振り返ります。次に表現面で参考にする俳句や短歌，和歌を選んでいきます。教科書や資料集に載っている既存の作品から，第1印象で3つ程度の候補を選びます。その後，作品のモチーフ，テーマ，五感を刺激するような表現，使われている表現技法と考えられる効果の4点について，候補となった作品を分析します。

　構成や下書きを考えたあと，生徒は推敲のためにクラスメイトと創作物を共有します。互いの下書きを読み合い，評価規準C創作に基づいて相手にフィードバックをしました。クラスメイト2名からフィードバックをもらったあと，最後に自分自身の作品に対しても自己評価をしました。2人のクラスメイトから評価をしてもらったあとに自己評価をすることで，自身の作品を批判的に振り返ることをねらいました。

　生徒は創作過程の中で，探究の問いに対する考えを構築していきます。例えば概念的問いは，生徒との話し合いの中で意識して問いかけました。とくに，「個人の想いや体験は，どうすれば他者に理解可能なものとなるのか」という問いは，常に生徒たちに問い続けました。この問いを生徒が意識することで，創作物が自己満足な表現に陥っていないかを振り返ることができます。

　ある生徒（以下，生徒A）は，岩手県陸前高田市にある「奇跡の一本松」を創作のモチーフとして選びました。そして，選んだ写真に写っている被写体（図3参照）と，その写真を撮影した自分自身という2つの視点を，短歌の中にどうしても取り入れたいという想いをもっていました。題材設定から下書きの作成まで，早いペースで取り組んでいたものの，創作の初期の段階では，取り入れようとしていた2つの視点が，明確に描かれていませんでした。そこで教師との話し合いの中で，試作した作品を早い段階でクラスメイトに読んでもらい，コメントを

もらうよう提案しました。そして，「どうすれば自分の想いが他の人にも伝わりやすくなるか」をコメントから考えるように助言しました。結果的に，生徒Aは２つの視点を混同して創作していたことに気づき，悩むこととなります。そこで，生徒Aに対しては，「掛詞」という技法があることと，その技法を用いた作品をいくつか例示しました。最終的に生徒Aが作り上げた短歌は，図３に示してあります。

　生徒Aが取り組んだことは，下書きを推敲・共有する段階で他の生徒も経験します。その際に，議論的問いである「スタイルを活用することは，個人の想いを表現するのにどの程度役立つのか」について考えることをワークシートの質問や机間指導を通して意識させました。この段階で，多くの生徒は参考にした表現や技法について，他のクラスメイトからの感想や助言を得ます。そして自分が選択した言葉や技法といったスタイルが，どの程度効果的に伝わっているのかを考え，下書きを修正したり再構成したりしていきました。

　例えば，ある生徒（以下，生徒B）は卒業とともに友人と別れなければいけない切なさを，「もう一寸　もう一寸待って　桜」という自由律俳句で表現しました。生徒Bは，下書きを共有した時に自由律俳句を選択した意図を説明できずにいました。そこで定型俳句を試作し，自由律俳句と定型俳句で印象がどう変わるか比較を試みます。結果的に，自由律俳句で表現する方が「もう一寸」という反復表現を効果的に取り入れることができ，別れの切なさや寂しさをより強調できると結論づけました。このように，下書きを共有する時間に生徒が議論的問いを意識することによって，生徒は表現の効果について，より批判的に振り返ることとなります。

　生徒は最後に，自分自身の創作過程や創作物について振り返るための解説文を執筆します。この解説文で，生徒は教科書や資料集の作品から何を参考にしたのか，また，創作物に対してどのようなコメントや助言をもらい，どのようなことを考えたのかを書いていきます。創作物だけではなく，解説文も含めて単元末の課題とすることで，既存の作品を参考にする方法や意図，そして創作過程そのものを意識的に振り返る機会を設けました。こうして，ＡＴＬの「振り返りスキル」や，ＩＢの学習者像の「振り返りができる人」といった側面を育成することを目指しました。

(3) OPP シートを活用した授業ごとの振り返り（単元全体）

　ここまで述べてきたように，生徒は表現技法や言葉の選択について試行錯誤を繰り返してきました。その中で思考したことを可視化するため，本単元では振り返りの機会を多く位置づけています。振り返りを継続的なものとして生徒に意識づけたツールが，OPP シートと呼ばれるものです。

　OPP シートとは，堀哲夫氏が開発した OPPA（One Page Portfolio Assessment：一枚ポートフォリオ評価）（堀，2019）に取り組む際に用いる用紙のことです。この評価方法では，「教師のねらいとする授業の成果を，学習者が一枚の用紙（OPP シート）の中に学習前・中・後の履歴として記録し，その全体を学習者自身が自己評価」していきます（堀，2019，p.35）。

つまり，単元のねらいを意識しつつ，生徒が学習内容を見える形で表現し，振り返ることが目的です。こうした振り返りを一枚の用紙で行うことで，教師も生徒も，生徒の理解がどう変化したのかを把握することができます。

　実際に使用したOPPシートは，図2のようなものです。このシートでは，単元の前後に探究の問いへの答えやATLへの自己評価，授業ごとに学んだことを記録し，学びの履歴を可視化します。そして単元の学習がすべて終わったあと，概念理解がどのように変容したか，ATLスキルがどのように向上したかを振り返ることとなります。図2では，教師の助言のみゴシック体太字で示しました。このシートを活用することで，生徒は授業内で創作活動がどこまで進み，次の時間に何をしなければいけないかを意識することができたようです。実際，授業後にOPPシートに対する感想を生徒に聞いたところ，OPPシートは「すごく細かい活動日記みたいなもの」であり「想い起こしたことのプロセスが明確に書かれている」点が良かったと述べています。

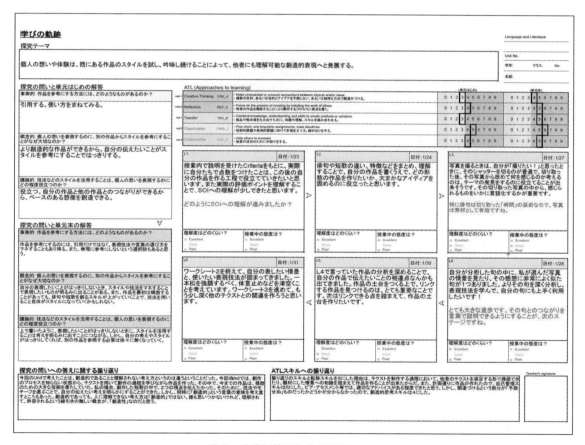

図2　実際に使用したOPPシート

5 成果物とその評価

　総括的評価の課題は，①創作した俳句または短歌１作品と，②その作品に対する解説文の２つです。創作した作品は評価規準Ｃ創作で評価をし，解説文では評価規準Ａ分析とＣ創作で評価をしました。創作した作品については，解説文で説明されている表現技法や言葉の選択の意図がしっかりと表現できているかどうかを評価しました。そして解説文については，創作の目的，表現技法や言葉の選択の意図に加え，自分の作品に対する批判的な振り返りができているかどうかも評価しました。

その場所で
希望を胸に
前を向く
変わらないぼく
立ち尽くしまつ

解説文：
　震災から一本だけ逃れた「奇跡の一本松」をモチーフにした短歌です。人々が奇跡と呼び，希望を寄せたシンボルはもう枯死しています。その松は見た目は変わらないままモニュメントと化し，周りの風景もまだまだ復興が続いています。変わらない現状に変化が訪れることを待ち望んで，立ち尽くしている「僕」の視点から表し，人々の寄せる希望と，現状とのコントラストを描きました。
　読み手に違う視点からもこの短歌を考えてほしいと思い「僕と木（ぼく）」，「待つと松」を掛詞として使いました。最後の二句が「変わらない僕　立ち尽くし待つ」となると，震災から９年が経って，被災者として多くの事を経験してもなお，本質は変わっていない「僕」が松を眺め，復興が進まず変わっていない現状に変化が訪れる事を一本松に希望を寄せ待っている意味を込めました。一方で「変わらない木　立ち尽くし松」になると，枯死してモニュメントとなった今でも変わらない松が立ち尽くしている情景が浮かび，人々の希望となっている事を現しています。
　これらの技法を使うのに，参考にした短歌は中納言行平の「立ち別れ　いなばの山の　峰に生ふる　まつとし聞かば　今帰り来む」（玉川寛子編，発行年月日不明，p.67)です。この句は「松と待つ」と「住なばと因幡」の二つの掛詞を使っている歌です。今回はこの「掛詞」を参考にしました。自分が今「因幡」の山に「住る」けれど，貴方が山の「松」のように私の帰りを「待っている」と聞けばすぐにでも帰り，という意味で歌われています。掛詞を使う事で31文字という制約の中，より細く具体的な描写を現すことができています。一方で私自身が歌を作るにおいて，「松」の視点とその松を見にくる「誰か」の二つの視点を持たせたいと思っていました。なので「僕」が「待つ」事と，「木」が「松」である事をはっきりと区別しつつ，二つの意味を持つ効果を作り出すために掛詞を使用しました。

図３　生徒Ａの成果物（一部）

　図３は，生徒Ａが完成させた作品と，解説文の一部（創作の目的，表現技法の解説，参考にした既存の作品の部分）です。生徒Ａの解説文で高く評価したことは，作品から技法を真似るだけではなく，伝えたい内容と関連させて，その技法を自分なりに発展させている点です。生徒Ａは，２つの掛詞を利用することで，「読み手に違う視点からもこの短歌を考え」させようと工夫しています。１つは既存の作品でもよく用いられる掛詞（「待つ」と「松」）で，もう１つは「僕」と「木」を掛けています。このように，技法の知識を応用して，新たな表現を生み出していることや，技法を用いる意図が明確であったことから，スタイルの活用について高いレベルで学習が進んだと評価している例の１つです。

6 振り返りと学びの広がり

　本単元は，生徒が創作の過程を体験することで，表現者の視点からスタイルの効果について探究し，振り返ることがねらいでした。そして，「個人の想いや体験は，既存の表現スタイルを試し吟味することによって，他者に伝わる創造的表現となる」という探究テーマを掲げ，学

習を進めてきました。では、本単元を終えたあとに、生徒は概念に対してどのような理解をしたのでしょうか。また、生徒はその理解を、他教科の学習活動にどういかし、発展させていったのでしょうか。

　生徒Aは振り返りの中で、「自分の表現したいことがはっきりしないとき、スタイルや技法をマネすることで表現したいものが明るみに出る」と述べていました。この記述からは、別のテクストにおけるスタイルを参照することは、自分が表現したい想いを言語化し、明確にすることに役立つという概念的理解が見て取れます。また、「自分の考えやスタイルがはっきりしてくれば、別の作品を参照する必要は徐々に無くなっていく」とも述べていました。このことから、他者の表現を模倣することは自分なりの表現を創造していく1つの手段であるという認識を、生徒Aがもっていると分かります。

　生徒Bの場合は、これまでに経験してきた俳句や短歌の創作活動と、本単元での創作活動を比較しながら振り返りを行っていました。生徒Bによれば、これまでは本単元のように単元全体で創作活動に取り組んだことはなく、1つの授業でおまけ的に扱う「小さな活動」として創作をすることが多かったと述べていました。そして、「小さな活動ではあまり表現技法を考えない」で、「短い時間で自由に書きたいことを書いていた」そうです。一方で、本単元のように単元全体で創作活動に取り組むと、「考える量が違う」ということを述べていました。具体的には、「どこで、どういう技法を使ったら、こういう効果が得られるんだという関係性を考えることができる」ようです。この発言からも、本単元が1時間の発展課題として行う創作と異なり、表現技法のようなスタイルを探究し、その効果を振り返ることにつながったと考えることができます。加えてこの発言は、冒頭に述べた「創造は単なる『思いつき』や『ひらめき』ではない」という考えを、生徒が学習活動を通して実感してくれたことを示していると考えられます。

　また、生徒Bの場合、本単元での取り組みと、英語の授業で学んだ「曖昧さ」（Ambiguity）という考え方の間に、類似点を見いだしています。生徒Bは、創作活動において「意味が分からない文を書いて考察するだけじゃダメ」で、「読者側が考察する部分と、わかりやすくする部分」の「良いバランス具合が大事」だということを、本単元と英語の授業から考えたようです。このように、教科の枠を超えて知識や考えの間につながりを見いだしている点も、概念に基づく学習を進めていったことと関係があると考えられます。

（坂本　樹）

〔引用・参考文献〕
堀哲夫著（2019）『新訂一枚ポートフォリオ評価 OPPA——一枚の用紙の可能性—』東洋館出版社

2 視覚的なコミュニケーションの探究
―シナリオと映像づくりを通して―

1 ユニットプランナー

重要概念	関連概念	グローバルな文脈
創造性	ジャンル　スタイル	個人的表現と文化的表現
探究テーマ		
創造性は文化的表現を通して発揮される。		
探究の問い		
事実的問い：シナリオにはどのような特徴があるのか。 　　　　　　ジャンルによって表現スタイルはどのように異なるのか。 概念的問い：作品にはどのような創造性が表れているのか。 　　　　　　視覚的なコミュニケーションは，創作活動を通してどのように育まれるのか。 議論的問い：自分の直観や感覚に従って作るのと，既存の型に従って作るのではどちらが重要か。 　　　　　　先行作品の模倣からオリジナリティは生まれるのか。		
評価のための課題と評価規準		
シナリオ制作・映像制作（C創作） 　グループでシナリオを作り，それをもとに映像作品を制作する。		
ATL		
コミュニケーションスキル：自分とは異なる意見をもっている人と話し合いながら協力する。		
学習者像		
バランスのとれた人：自分たちで計画を立て，期日を守るために作業の調節をする。 探究する人：自分のアイデアを形にする方法や形を探究する。		
学習指導要領との関連		
〔思考力，判断力，表現力等〕 【C　読むこと】 (1)ウ　文章の構成や表現の仕方について評価すること。 【B　書くこと】 (1)ウ　表現の仕方を考え，自分の考えが分かりやすく伝わるシナリオになるように工夫すること。		

2 ユニットのねらい

　今回のユニットでは，シナリオライティングと映像創作を通して視覚的コミュニケーションスキルを育む創作活動を行います。

　視覚的コミュニケーションスキルとは，「見ること，発表すること」にあたります。ＩＢの『ＭＹＰ：「言語の文学」指導の手引き』（p.21）に視覚的なコミュニケーションの説明があります。以下，引用です。

　見ることと発表することは，さまざまな状況で，またさまざまな目的と受け手に向けて，視覚作品やマルチメディアを解釈または構築するということです。視覚テクストは情報を伝えます。この情報を解釈する方法の学習と，さまざまなメディアについて理解し，これを利用する能力は，貴重なスキルです。視覚テクストに取り組むことで，生徒は，イメージと言語が，いかに相互に作用しあって，アイデア，価値観，信念を伝えているかを理解することができます。

　学習指導要領においては，国語で伸ばすスキルとして「話すこと・聞くこと」「書くこと」「読むこと」をあげています。一方ＩＢのガイドでは「言語と文学」で育む３つのコミュニケーションとして「口頭のコミュニケーション（聞くこと，話すこと）」「文書によるコミュニケーション（読むこと，書くこと）」さらに「視覚的なコミュニケーション（見ること，発表すること）」をあげており，視覚的なコミュニケーションを重視していることが分かります。このように，視覚的なコミュニケーションスキルは国語の学習においても非常に重要なスキルです。

　国語の授業で映像や視聴覚メディアが用いられることはありますが，その多くが受信中心であり，そのものを作るプロセスを経験することはほとんどありません。視覚的コミュニケーションに特化した創作活動を行うことは，メディアリテラシーの理解を深めることにもつながります。

　以上のように，今回のユニットではメディアを分析することだけではなく，メディアの作られ方を知り，作り手の意図を考える経験をすることで，視覚的なコミュニケーションスキルを育みます。

3 学習プロセス

1次	1時	単元の確認・グループで先行作品のシナリオの特徴を学ぶ。
	2〜3時	グループで先行作品のシナリオの特徴を考える。
2次	4時	グループで先行作品の分析を行う。どのような点を参考にするのかを考える。
	5時	創作の計画，シナリオのプランを練り，執筆に入る。

	6～10時	シナリオと，シナリオから映像に作り替える創作を行う。
3次	11～12時	発表をして，フィードバックと振り返りを行う。

4 授業の様子

(1)シナリオ分析

　今までの授業でシナリオを扱ったことがなかったこともあり，最初に生徒たちにシナリオとはどのようなものか，どんな印象をもっているのかを聞いてみました。すると「映画のセリフが書いてある」「小説とは違うもの」「面白くなさそう」というように，シナリオに対して漠然とした印象を抱えていました。そのため，最初にシナリオの特徴について考える活動を行いました。

　生徒たちに伝えたシナリオの特徴は，次の3つのことです。①セリフとト書きで構成される，②一つ一つの場面に意味がある，③微妙な匙加減や解釈を脚本上で示すことはできないので，撮影現場では演出が必要となる，といった内容を説明しました。

　上記の特徴をもとに，実際にシナリオを見て分析していきます。今回は有名脚本家の坂元裕二が書いた『カルテット1』の一部を使いました。この作品の特徴をグループで話し合い，シナリオの理解を深めていきます。その中で，生徒が見つけたポイントをいくつか紹介します。

　1つ目に，上記の②一つ一つの場面に意味がある，に着目した時の生徒の気づきです。生徒から「『カルテット』には物語の流れとは少しずれている場面がある」という意見が出ました。『カルテット』の主な登場人物は四人です。それぞれが他の登場人物に秘密にしていることがあり，それによって物語中にミステリアスな雰囲気が漂っています。このような雰囲気の中で淡々と話が進んでいくのでは，登場人物の特徴を掴むことができません。そこで，生徒は「一人一人の個性や関係性を表現するために，四人が食卓を囲んで会話をする場面が描かれているのではないか」と気づきました。例えば一話目は，登場人物の四人が食卓を囲み「唐揚げにレモンをかけるかどうか」を議論します。この場面があることで，登場人物の性格やこだわりが明らかになり，見ている人たちはキャラクターを理解でき，共感できるようになるのです。このように，生徒たちは一つ一つの場面に必ず意味や役割があることを理解していきました。

　2つ目に，シナリオの特徴①セリフとト書きで構成される，に着目した時に生徒が気づいたことです。

　生徒から「会話中の感情表現については，セリフと同じようにかぎかっこの中に書いており，行動についてはト書きに書かれている」という意見がありました。具体例として，『カルテット1』「唐揚げにレモンをかけるかどうか」の場面では，

　　　　諭高：「唐揚げにはレモンするよって人と，（笑って）いやレモンなんかしないよ，するわけないでしょ，って人がいるじゃないか」

すずめ：「（面白く感じて）」

（省略）

食後，台所でワインを飲みながら洗い物をしている司と，カウンターで飲んでいる真紀と諭高と，チェロの弓を拭いているすずめ，話していて。

（坂元裕二『カルテット1』河出書房新社，2017）

最初の諭高のセリフの途中に（笑って）という感情表現があり，諭高が笑いながら話すことで，「レモンなんかしないよ」を普通に言うのではなく，別のだれかが笑いながら言っている風を表現しています。また，その次のすずめのセリフにはセリフではなく（面白く感じて）と，ただ面白く感じたことだけに触れています。次のト書きには，登場人物たちがそれぞれ何をしているのかを説明しています。このト書きには感情表現はとくに書かれていません。

3つ目に，特徴③演出が必要となる，という点についてです。生徒たちと一緒に，上の例にある（面白く感じて）という表現は，登場人物にどのような表情を求めているのか話し合いました。実際に顔で表現して，話の文脈に適した表情なのかを確認し合いました。また，表情は一人一人の性格によっても変わるため，登場人物に適した感情表現を考える重要性や，演じることの難しさを感じていました。

(2)創作活動：シナリオ

グループでシナリオを書く前に，どの作品を参考にしてシナリオを創作するのかをグループで話し合います。中学生にとって何もない状態からのオリジナルの創作はハードルが高いでしょう。そのため，学習の足場架けとして，他の作品を模倣し，参考にすることで新しいものを生み出す経験をさせます。

また，生徒たちは中学1年，2年と多様な作品の分析を行ってきました。今までの経験から，生徒たちは作品を分析する時にどのような視点で観ればいいのか理解しています。そのため，生徒たちに自由に参考にしたい作品を選ばせることが可能になっています。生徒たちは作品の，テーマ，設定，登場人物，視点，スタイル，構成を分析し，この中から何を参考にしながら創作をするのかを決めます。

以下，生徒たちの作品を紹介したいと思います。

あるグループは，『ハリーポッター』を参考に，作品を創作しました。映画で参考にした設定は，ファンタジーであること，悪役がいることの2点です。そのため，魔法学校という設定はそのままで，登場人物の設定を変えて物語を創作することにしました。

作品のあらすじは，魔法学校の生徒たちが，力を合わせてクロノスという悪者を倒そうとする内容です。各地でクロノスの被害が出ており，主人公もクロノスに祖母からもらった大事な指輪を盗まれてしまいました。指輪を取り返すために，仲間と協力してクロノスに戦いを挑みます。

生徒たちがシナリオを執筆する際の工夫を紹介します。次のページに生徒たちが執筆したシ

ナリオの一部を載せています。シナリオ内の①②③の数字については，シナリオ分析の際に学んだ特徴（①セリフとト書きで構成される，②一つ一つの場面に意味がある，③演出が必要となる）をもとに生徒が工夫したポイントを示しています。

　①については，登場人物の感情表現を（　）で書き，行動はト書きで表現しています。また②については，過去に起こったことを会話で伝えるのではなく，回想シーンで見せることにしています。それによって登場人物に深みを与え，見ている人たちが共感できるようにする，というねらいだそうです（映像では，回想シーンと分かるようにモノクロで斜がかかった映像にしていました）。③に関しては，"筆箱"が物語におけるキーアイテムだという伏線的な演出を施しています。彼らは『カルテット１』を通して学んだシナリオの特徴を考えながら工夫していました。

　３．休み時間
クラスメイトはそれぞれで話したり，遊んだりしている。
自分の席で一人本を読むももな。
<u>間違えてももなの筆箱（③）をおとすななせ。（①）</u>

ななせ：あ！ごめん‼大丈夫？　こわれてないかな
ももな：大丈夫
ななせ：これかわいい
ももな：え，変じゃないの？　みんなそう言うの
ななせ：誰がそんなことゆうの？
ももな：小学校の時にね…
<u>～回想シーン～（②）</u>
ももな：ねぇねぇ，さっきあそこに女の子いたよね？
クラスメイト１：え？　なにいってんの？　うちらしかいなかったよ？
クラスメイト２：まじか。こいつお化けまで見えるって言いだした！
ももな：ごめん
クラスメイト３：うわー
ももなの周りに人がいない。
筆箱を落とされる。
クラスメイト２：変なのばっかりｗ

ななせ：そっか…じゃあ私がももなの最初の友達になるよ！　ならせて！
ももな：いいの？　<u>（少し嬉しそうに）（①）</u>

---

(3)シナリオを映像化へ

　次は，執筆したシナリオを映像化します。生徒たちは，映像化できるのかを考えながら執筆していましたが，撮影を始める前に最終確認をします。登場人物の動作や表情は映像化が可能なのか，それをすることで見ている人に伝わるのかどうかを確認しました。

　映像化には，シナリオだけでは表現できない表現が出てくるため，伝えるための演出を工夫する必要があります。生徒たちは見ている人たちに分かりやすく伝えるためにはどうしたらいいのかを話し合い，カメラのアングルや三脚を効果的に使って，表現を模索していました。

　以下，『ハリーポッター』を参考にしたグループのシナリオと映像化を比べて紹介したいと

思います。この場面は，主人公たちと悪役の戦闘シーンになります。いかに緊迫した空気を作り出すかを考えながら創作していました。

映像	シナリオ
	クロノス：おろかものめ…いけ！ 健太郎が手下３に向かう。 手下３が立ち上がり，戦う。
	手下３が持っていた杖が机を転がる。 ななせのところへいき，ななせがとる。 杖に選ばれて風が吹く。
	ななせがみんなが危険になって戦ってるのをみて， 黙ってはいられずクロノスに向かって ななせ：エクスペリアームス！ 太陽：（そのすきをねらって）セクタムセンプラ！ クロノスに杖をふり，怪我をおわせる。
＊クロノスが煙幕を出して逃げる	クロノス：くそっ，今回は見逃してやる…次は覚悟 　　　　　しとけ ななせ：（複雑な表情）

図　絵コンテ　生徒作品

　一コマ目では，敵と戦っている様子を表現しています。杖をつかって魔法で攻撃をしています。ここでは緊迫した雰囲気を醸し出すために，二人が戦っている様子だけを画面で見せています。二コマ目では，敵の杖が女の子の手元に転がっていくことを強調するために，杖が転がる様子をズームして撮影しています。三コマ目では，杖を手に入れた女の子が助太刀する場面です。エフェクトで手元を攻撃したことを強調しています。四コマ目では，敵が逃げる様子を黒の煙幕を使って表現しています。敵の魔法は黒で表現し，悪い魔法と一般的な魔法が異なることを表現しています。また，登場人物の（複雑な表情）から逃がしてしまった悔しさや，皆が無事だった安心感を演出する工夫をしています。

⑷鑑賞会と振り返り

　撮影・編集が終わったあとは，クラスで鑑賞会をしました。グループごとに，映像を流して作品のテーマや工夫について話します。『ハリーポッター』を参考にして作った班は，何よりもCGのクオリティが際立ち，違うグループの生徒たちからも「CGやBGMのクオリティが高く，作品の完成度を高めている」というコメントがありました。また，生徒から出た改善点の指摘には，「主人公の印象が弱い」という内容もありました。作品名のタイトルが主人公の名前になっているのですが，その子のセリフや場面が少ないことが原因でした。このように，生徒間で感想や意見を出し合う様子が見受けられました。

　すべての活動が終わったあとの生徒の振り返りを紹介します。生徒たちはシナリオライティング，映像創作について振り返りを行っています。まずはシナリオライティングについてです。

> 　短い時間のなかで起承転結をつけて，なおかつ面白い作品にすることに苦労しました。今回はハリーポッターを参考にしたこともあって，ナレーションなしで物語を見ている人にわかりやすくすることを意識していたので，セリフのみの進行が大変でした。また，シナリオを書くこと自体が初めてだったのでシナリオの形式について新しく学びました。カッコでどんな動きをするかを書いたりすることが新鮮でした。

　このように，シナリオにはナレーションや心情描写などを描くことができないため，生徒は想像力を働かせてシナリオを執筆していました。

　次に，映像創作についてです。

> 　編集する側またシナリオの主役として，どういったシーンにおいてどのように登場人物を映せば良いのか，また演技する際どういった感情を込めて話せば良いのかをグループ内のメンバーと考えていました。「○○のカメラアングルだと加工をするのが難しいから○○から撮るほうがいいかも」のような主張をひたすら言っていました。ある種，監督的な立場に立てたのではないかと思います。

　このように，自分がグループの中で編集やカメラワークに詳しいことを理解し，グループのメンバーに的確にアドバイスをしながら撮影をしていたことを振り返っていました。また演出することの難しさを実感していました。

5　成果物とその評価

　今回の課題は，自己表現の探究ということをテーマに掲げて取り組んだため，「C創作」の評価規準を用いて評価しました。表の左側がＩＢの評価規準の項目です。右側に，その評価項目を使って今回どのようなことを評価したのかを書いています。

《「Ｃ創作」の評価規準》

	ＩＢの評価項目	どのようなことを評価するか
i	創造的プロセスへの個人的な関わりから生じる新しいものの見方やアイデアを探究し検討しながら，思考，創造力，感受性を示すテクストを創作する。	自身のアイデアを創作物に反映させている。またグループと協力して発展させている。（分析レポート，シナリオ，映像化した作品）
ii	言語的，文学的，視覚的な表現の観点から，受け手に与える影響を認識したスタイル（文体）を選択する。	先行作品の分析から受け手にどのような影響を与えるのかを考え，それを自身の創作に取り入れることができている。（分析レポート，シナリオ，映像化した作品）
iii	アイデアを発展させるために，関連する詳細情報と実例を選び出す。	先行作品を分析し，参考にするポイントを抜き出し効果的に創作に盛り込むことができている。（分析レポート，シナリオ，映像化した作品）

6 振り返りと学びの広がり

　今回のユニットでは，視覚的コミュニケーションスキルを育むことを目的にシナリオと映像の創作を行いました。生徒たちはシナリオと映像を作るプロセスを経験したことで，作品の見方に広がりが出ました。例えば，登場人物や物語だけに着目するのではなく，一つ一つの場面に意味があることなど，他のメディアにも応用できるスキルを得られたと思います。また，物語の作られ方や見せ方，また先を見越して計画的に作る力など，生徒一人一人が多様な側面で挑戦することができたユニットでした。最後に生徒たちが創作活動を通してどのようなことを感じたのかを紹介します。

> 　私はこの制作がとても楽しかった。ゼロベースで自分から何かモノを生み出すのは苦手だけれども，なにか自分の尊敬する作品に触発されてモノを制作する，ということが私の性に合っているという一面を，ここで初めて強く実感できた。インスパイアをうけて制作をするということはつまり，オリジナルじゃない，粗悪な複製品を生み出しているように感じてしまっていたらしく，どこか後ろめたい感じがあったけど，この課題を通して一つの"芸術方法"があることが新たにわかって，そのマイナスなイメージを自分の中で少し捨てられた（と思う）。

　このように，今回の創作活動を通して，生徒たちの創作活動の印象を変えることができました。足場架けの重要性を再度感じるとともに，今後の創作活動への橋渡しもできた活動になりました。

（小塚　真央）

3 表現の多様性を学ぶ
―菊池寛『入れ札』のポスター制作を通して―

1 ユニットプランナー

重要概念	関連概念	グローバルな文脈
創造性	登場人物　視点	個人的表現と文化的表現
探究テーマ		
読者はテクストの表現から多様な解釈を創造する。		
探究の問い		

事実的問い：登場人物はどのように描かれているか。

　　　　　　どのようなレトリックが作品中に用いられているか。

概念的問い：作中の表現からどのような解釈が生み出されるか。

　　　　　　解釈はどのように表現できるか。

議論的問い：作中の表現が読者の解釈にどのような影響を与えているか。

　　　　　　解釈はどの程度，表現に反映されているか。

評価のための課題と評価規準

テキストの分析とディスカッション（A分析　D言語の使用）

ポスター制作（C創作）

ATL

批判的思考スキル：物語の登場人物の言動，心境について評価する。

創造的思考スキル：作品を伝えるための効果的な表現を考える。

学習者像

コミュニケーションができる人：他者の意見を聞き，自分の意見を深める。

挑戦する人：主題をポスターに描いて表現する。

学習指導要領との関連

「現代の国語」〔思考力，判断力，表現力等〕

【A　話すこと・聞くこと】(1)オ　論点を共有し，考えを広げたり深めたりしながら，話合いの目的に応じて，表現や進行など話合いの仕方や結論の出し方を工夫すること。

【C　読むこと】(1)イ　目的に応じて，文章や図表などに含まれている情報を相互に関係付けながら，内容や書き手の意図を解釈し，自分の考えを深めること。

2 ユニットのねらい

本ユニットは次の年からＤＰ「文学」に取り組む学年に向けて，文学作品の探究の仕方を確認するプロセスとしてデザインしました。作品の描かれた意図を読み解き，表現することで深く考察することを目的としています。

「入れ札」は，大親分である国定忠次が江戸から落ちる時に，大勢いる子分の中から３人だけを選ぶことになるという話です。忠次は子分たちにその選び方として入れ札（投票）を提案し，子分たちに選ばせることにします。かつては最も親しい子分であった九郎助は今ではその力を失っています。九郎助は自分の虚栄心から自分に投票してしまいますが選ばれません。作品に描かれている選択するという行為や，自分が選ばれたいが選ばれそうにないなどの経験は誰にでもあることです。前半に描かれている忠次や，後半の九郎助の思い，また九郎助に媚びるために嘘をついた弥助などの登場人物たちの心情を本文から読み取り，話し合うことでより深く解釈することができるようになるでしょう。話すことによって，思考の整理がよりよく行えるからです。さらに，その解釈を文章以外の方法で表現することによって，解釈をより深めてほしいと考えました。作品を別の形式に置き換えることによって，作品のテーマを客観的に捉え直すことになります。生徒自身が解釈した作品のテーマをあえて文章ではなく，ポスターで表現することにしました。

3 学習プロセス

0次	宿題	「入れ札」を自宅学習として読んでくる。
1次	1～2時	教室及び図書館で調べ学習を行う。グループそれぞれ違う項目を調べる。 ◎作者菊池寛について ◎作品執筆時の社会について（明治～大正） ◎国定忠次について
	3～4時	１グループ10分程度のプレゼンテーションを行う。質疑応答を行う。
	5～6時	全員で精読する。
2次	7～11時	登場人物を整理して一人一人について意見を出し合う。
3次	12時	自分が舞台「入れ札」をするなら，誰を主人公にして作るかを考える。
	13時	舞台公演のポスター制作を行い，制作の意図を説明する。

4 授業の様子

(1)作品のコンテクスト調査

　始めに，作者の概要を押さえてから，作品について話し合ったところ，「作者がどんな人物か興味がわいた」「現代の話じゃないからわかりにくい」「大正時代ってどんな時代か知らない」という意見が生徒から出されました。そこで，作品の内容をより深く理解するために，作者を含めた作品の周辺知識が必要であることを確認しました。資料集を使って，「入れ札」の読解に必要な情報は何かを話し合いました。作中での時代背景や，作品が書かれた時の時代背景についての知識は作品理解のために必要な情報です。そして，グループで手分けをして図書館で調べました。『日本近代文学大事典』や『明治ニュース事典』『演劇百科大事典』などの辞典類から，作者の菊池寛や主人公の国定忠次について，また描かれた時代背景などを調べました。また，作者に関しては『新潮日本文学アルバム　菊池寛』や『ちくま日本文学全集　菊池寛』の巻末なども参照していました。さらに国定忠次一家の衣装などの調査ではインターネットを活用しました。忠次一家がどのような姿をしていたのかが分かる視覚資料は，最後のポスター制作に大きく役立つものになります。

(2)作品コンテクストについてのプレゼンテーション

　調べ学習の成果はスライドを使ってプレゼンテーションで他のグループに説明することにしました。他者に分かりやすく伝えるためにはどう工夫すれば良いかを学びます。これはコミュニケーションスキルを高めることになります。スライド作りの作業は授業時間外で行いました。

　高校生にとって「任侠」の世界は分かりにくく，作品理解を大きく阻んでいました。「任侠」を理解するにあたっては「国定忠次」をテーマに調べたグループのプレゼンテーションが役に立ちました。「任侠」は，江戸時代には現代に生きる我々の思う「暴力団」とは違う受け入れ方をされていたこと，とくに役人には嫌われていたが庶民からの人気があったことは，作品理解を大きく助けました。また，「大正時代」について調べたグループのプレゼンテーションでは，明治時代以降，物語の主人公として国定忠次は何度も使用されるほど人気があったことが述べられ，作品理解を深めることに一役買いました。

　プレゼンテーションのやり方そのものを学ぶということも，ＤＰに取り組む前段階として必要です。発表を終えてから，「どんな気づきがあったか」や「良かった点，悪かった点」を話し合いました。自分の発表を振り返ることによって，客観的に捉え直すことができるようになります。客観的な視点を獲得することは，多様な視点を獲得することであり，文学読解には必要なスキルです。

(3)作品の通読，精読

　作品のコンテクストを確認してから，精読に入りました。全体のストーリーや場面に関して，正確に把握することを目標にしています。本文を丁寧に読むことは，言葉を丁寧に解釈することでもあるとも伝えて，取り組みました。自分たちで疑問を出し合いながら，「作者が表現方法を選んでいること」に気づくように促します。「作者の選択」に気づくことによって，表現の多様性を理解することができるからです。

　精読の途中で生徒から，本文中の「切ない期待」という言葉に対して「期待は切ないのか」という疑問が出ました。九郎助が自分に入る1票を待ちながらも最後の札になる場面です。そこで生徒にこの「期待」はどのような意味かを確認しました。生徒から「わくわくすること」や「楽しい気分になること」という発言がありました。同様に「切ない」について確認すると「つらい感じ」や「わくわくはしない」という意見が出ました。ここから議論は白熱しました。言葉には言葉本来の意味以上のものや思い込みが入っているものです。そこで，辞書で本来の意味を確認しました。「せつない」は「悲しさや恋しさで胸がしめつけられるようである。やりきれない」，「期待」は「あることが実現するだろうと望みをかけて待ち受けること」と書かれていました。「期待」という言葉そのものには「わくわく」や「楽しい」という意味はないことが分かりました。この確認によって生徒は本文の「切ない期待」について，「もしかしたら自分に入っているかもしれないという望み」と「もう入っていないと分かっているのに期待してしまう九郎助の気持ちを作者がせつないと表現している」という解釈に至りました。作者が九郎助のこの心情を「せつない」とし，注目していることを確認します。この作業から，生徒は言葉は印象だけで語るのではなく，言葉の意味そのものを調べ，理解することで，作者の表現の意図が理解でき，文章を正確に分析するために必要な作業であることに気づきました。

　また，「火のようなものが，身体の周囲に，閃いたような気がした」という比喩表現に着目した生徒もいました。「この比喩って何を表しているのか」と考え「緊張」や「怒り」「羞恥」など様々な考えが出されました。話し合っていく中で，「この後に『九郎助が火のように，怒っていようとは』ってあるからここでは怒り」という根拠を提示した意見が出たので，これは結論としました。生徒たちのここでの解釈はあとのポスター制作に大きな影響を与えました。

　第6時の授業で，生徒たちは，精読することで解釈を深めることができることを学びました。

(4)登場人物分析の意義

　精読の次に分析を行いました。今回は登場人物の分析をしました。登場人物の行動や感情，そして，それを作者がどのように表現しているかなどを詳細に分析し，作品理解を深めていきます。物語の普遍性を捉えるところまでつなげていきます。

　登場人物の行動を丁寧に追うことで，現代人である自分たちにどのくらいシンクロするのかを考えました。人間の行動や感情の普遍性に気づくことは，作品の主題の理解につながります。時代が違うことによる文化や風習の違いがあっても共通する人間としての普遍性を考えること

は，グローバルな文脈にある「文化的表現」のアプローチにもなります。今回は，忠次，九郎助，弥助についてのディスカッションを通して，自分にも引きつけながら，普遍的な人間性について話し合っていくことにしました。

(5)登場人物の分析

　まず，物語の前半の中心人物である忠次から分析しました。忠次が自分自身で同行する子分を選べなかったことや，もし連れて行くなら自分が頼りにしている子分を連れて行きたいとも考えていることなどを確認しました。また，選べないので一人で行こうと決心するところでは一人の生徒は「忠次が自分で選べばよかったと思うが，自分が忠次でも選べない」と忠次に共感する発言をしていました。忠次を子分たちが引き留めたことには「自分が子分でも親分が一人でいくのは止める」「ここまで命がけで一緒に来たのに」といった同調する意見が大半でした。入れ札（投票）の提案は，「入れ札はあの段階では最良の方法だと思う」と肯定する意見でまとまっていました。忠次が「自分で同行者を選べなかった」のは「選ばなかった子分から恨まれたくなかった」からであることから，任侠の大親分である人物でも人間的な弱さをもっていることに気がついていました。プレゼンテーションで「任侠」について触れていたことが，忠次の中にある「強いとされている者にもある弱さ」についての理解に役立ちました。

　次に，作品後半で中心的に描かれている九郎助に関しての分析を行いました。九郎助が自分に投票してしまうことについては，彼がかつては一番の子分であったことに着目し，「プライドがあるため，自分が傷つくのがわかっていて，認めるのは難しい」などの意見が出ました。さらに最終的に九郎助が自分の「卑しさ」に気づき，暗い気持ちになっている部分に関して，「九郎助は卑しいと感じているが，自分に投票することは卑しいことなのか」という疑問が出ました。「自分に投票することは不正ではない」との意見もありましたが，多くは「悪くはないがすんなりと納得はできない」「受け入れにくい」と述べていました。「自分こそはと自信をもっていれば良いが，自分がふさわしいと思っていないので良くない」という意見が出たことによって，議論が活発になりました。九郎助が自分の名前を書く時に手が震えたという部分を引用し，「本人が良いことだとは思っていないのだから良くない」という結論が出ました。ここで，「悪いと思っていてもやってしまう弱さ」という普遍的な人間性が描かれていることに気がついていました。

　次に，九郎助に投票したと嘘をついた弥助に対して，「追われる身であるので，一人で行動したくなくて九郎助に近づいたのはわかる」「嘘も方便だと思う」「ずるい」など，褒められた行為ではないが，理解はできるとの意見が多数出ました。この弥助の行動から，「自分に都合の良い嘘をついてしまう弱さ」という普遍的な人間性について理解が促されていました。

　このような登場人物の分析から，生徒たちは様々な形で描かれている「人間の弱さ」に気がつきました。同時に，自分ならどうするか，自分ならどう思うかと考えることによって，それが時代や状況に関係なく，自分にも起こりうる普遍的なものであることを理解していました。

⑹作品の主題の分析

　登場人物の分析から気づいた「人間の弱さ」という普遍的な人間性から発展し，九郎助自身がもった「卑しい」という感情に対して，「何をもって不正というのか」「人を選ぶということが引き起こすことは何か」といった問いが次々と生まれました。人間が人間を選ぶことによって起こる感情について，考えるべきことが多く含まれていることに生徒たちは気がつきました。選択するということは，人間の心に傷をつけてしまうことだ，という意見も出ました。

　たくさんの主題がこの作品の中には描かれていますが，中心的な登場人物たちに共通して描かれていたのは「人間の弱さ」であり，これが作品の最も大きな主題ではないかと，生徒たちは分析を通して，結論づけました。

⑺舞台化を想定して，テーマを抽出する

　次に，「入れ札」はすでに菊池寛本人によって戯曲も書かれていることを紹介し，もしプロデューサーの立場でこの舞台公演をするとしたら，何を一番伝えたいかを考え，ポスターで表現するという課題を伝えました。これまでのディスカッションを通して考察した主題を表す上で，文章ではなく，絵画という別の表現形式を使うことにしました。この舞台公演で誰を主役にするのか，この作品の見どころはどこなのか，作品に出てきたもので主題を象徴するものは何なのかと，ポスターのデザインを考えることで，作品の解釈はより明確になります。文章で書かれた小説を，絵画という別のメディア形式に置き換えて表現することはメディア・テクストの関連性を考えることにもつながる有意義な活動です。

　ポスター制作に着手する前に，生徒たちはそれぞれ自分の舞台は何を主題にするのかについての発表交流をしました。どの人物に焦点を当てるかによって，同じ「人間の弱さ」を描くにしても，描き方が変わってきます。一人の生徒は弥助を主役にしようとしていました。しかし，弥助の行動が作中で描かれているのは最後のみです。そこで，前半部分の弥助の行動を描くことにしていました。それに対して，「話が変わってしまう」のではという意見が出されました。生徒たちは，この点について話し合いました。「描かれていない部分の創作はかまわない」とした生徒は，「作品の通りの舞台にしても，弥助は舞台上にはいる。そこで何もしないわけではないから描けるのでは」と弥助を主役にする理由を述べました。その後，描かれていない部分の創作はかまわないということになりましたが，「原作のセリフを変えること」に対しての是非が問われました。最終的に，作者の表現の選択を重視するのならば，表現を変えることは良くないのではないかとの意見でまとまりました。

　こうした話し合いを通して，生徒はそれぞれの解釈の中から最も描きたい主題を選び，それを主張するためのポスター制作に取り組んでいきました。

5 成果物とその評価

　ポスター制作自体は自宅での課題となりました。完成したポスターの発表会では，制作意図のプレゼンテーションを行いました。

　「テキストの分析とディスカッション」の評価素材は，ポスターを発表した際のコメントにしました。ディスカッションで出た意見や結論をもとにして，自分らしい解釈を入れることができているか，またそれを説明できているかを評価しました。さらに「ポスター制作」については，絵のうまさではなく，自分の解釈をもとに主題を表現するためにどのような工夫を行っているかを評価の対象としました。制作意図のプレゼンテーションとポスター作品での工夫は連動しており，大幅にずれているようであれば，評価を低くすることにしました。

　生徒AからDの4人のポスターはすべて主題を「人間の弱さ」にしていますが，デザインは全く異なるものでした。

　生徒Aは，忠次と選ばれた3人が去って行く場面を描きました。生徒Aは「忠次が選んだ3人と選ばれなかった子分たちの違いを表す」ために，「シルエットで描くことで，遠く離れて行くことを表現する」という意図をもっていました。本文の忠次は晴れやかな顔で去って行くのに対し，残された子分たちに「それぞれ失望の影があった」という箇所に着目し，去って行く彼らの顔を描かないことで同時に残された方の失望を表したそうです。子分たちの失望とは反対に楽しそうな動きの分かる忠次のシルエットが目立ちます。シルエットは切り絵を使っており，近くで見ると質感の違いが出ている面白い作品でした。背景の山々を鮮やかに配色することで，切り絵で表現した忠次たちのシルエットがはっきり浮かび上がっています。また作中では子分たちの体型などには全く言及されていないにも関わらず，なんとなく分かるように工夫しており，その点を素晴らしいと評価しました。

生徒Aの作品

　生徒Bは，「火のようなものが，身体の周囲に，閃いたような気がした」という部分に着目しました。ディスカッションでは，赤色には「怒り」だけではなく，「羞恥」や「嫉妬」なども含まれているという意見が出ていました。生徒Bはそれをふまえ，九郎助の感情を描きました。赤を際立たせるために人物たちは白黒で仕上げ，九郎助を中心に据えたそうです。独自の解釈をとてもうまく表現し，主題をより明確にすることができているので，高

生徒Bの作品

く評価しました。

　生徒Cは，自分の名前を書いている九郎助を描きました。本文の「筆を持っている手が，少しブルブル顫えた。彼は，紙を身体で掩いかくすようにしながら，仮名で『くろすけ』と書いた」という部分が，この作品の中で最も重要な場面だと考えたからです。九郎助を上から見下ろす構図で，手元のみを描くことによって，九郎助の感情をよく表しています。ディスカッションの成果をよくふまえていることに加え，作品を大切にして表現しており，高く評価したい作品です。

生徒Cの作品

　生徒Dは，入れ札という制度と人間たちの「気持ち」に焦点を当てました。公平という光の部分と，そこからはみ出す闇の部分を表現しています。手描きのあとにデジタル処理で「光」という文字を反転させています。この反転文字で単純な善悪では計りきれない行動や感情を表したそうです。プレゼンテーションでは，ディスカッションの中で何度も話し合った「何が良くて，何が悪いのか」や「選択することで生じる感情」に触れ，直接的な表現をあえて使わずに表現したと述べていました。ポスターとしても非常に創造性の高い作品になっていると評価しました。

生徒Dの作品

6　振り返りと学びの広がり

　選挙（投票）自体は生徒も体験しており，九郎助の感情は生徒たちにも理解しやすかったと思います。このユニットではディスカッションを通して，他者の意見から自己の解釈を深め，時代を越えて共通する普遍的な人間性に気がつくことができました。このように多角的に「登場人物」の解釈を深める方法は今後の文学作品の読解で役立つでしょう。主題を考察する上での「視点」の当て方についてはポスターのデザインに明確に表れていました。今回，ポスター制作で発揮した「創造性」は，実際の「入れ札」の舞台鑑賞やラジオドラマ制作など，様々な活動で活用できるでしょう。そして，文学鑑賞や創作活動を繰り返す中で「読者はテクストの表現から多様な解釈を創造する」という探究テーマをよりいっそう実感することになるでしょう。

（高橋　七浦子）

コラム③　映像文法

　国語科では「思考力・判断力・表現力」を支える言語活動として，「話すこと・聞くこと」「書くこと」「読むこと」が設定されています。MYP の「口頭のコミュニケーション」と「文書によるコミュニケーション」にあたるものです。しかし，映画やテレビが発展した映像の世紀と言われる20世紀を経て，21世紀の今日，デジタル・メディアを活用した映像コミュニケーションが普及しました。MYP「言語と文学」では，「視覚的なコミュニケーション」も位置づけています。映像を観て解釈する「見ること」，そして映像を作って「発表すること」です。

　誰にでも分かりやすく伝えるために映像にも文法があります。画面構成やカメラの動きに制作者の意図や意味が込められています。それを読み解き，言葉で表現することが「見ること」の言語活動です。映像であらわされた記号を読み解くのです。

　まず，映像文法の第一歩として，カメラワークを押さえておきましょう。カメラワークにはポジション，サイズ，アングルの3つの要素があります。ドラマの冒頭で，舞台設定を示すためにロングショットやハイポジションが使われます。登場人物の心情に視聴者を同調させるためには，ズームで近づき，アップショットで顔を映し出します。被写体の強い意志を示したり，威圧感を与えたりするためにはローアングルが効果的です。このような演出意図を読み解くことは，幼少期から日常生活の中で，自然と身につけているものです。それを言葉に置き換えて，ディスカッションしたり，分析批評を書くことで，映像コミュニケーションスキルが向上します。メタ認知の効果です。このスキルは，ポスターを書いたり，写真撮影をしたり，動画を制作したりする時に，有効に活用できます。

　これからは，テレビや映画を観る時，広告や新聞の写真を見る時に，「なぜ，このアングルやサイズで撮影したのだろう？」「視聴者に注目してほしいところはどこだろう？」と，クリティカル・シンキングを働かせて，映像文法を使ってみてください。

（中村　純子）

第4章

重要概念
「つながり」
「コミュニケーション」
で深める学び

「つながり」とは,「人々,物,組織,また考えの間にある,関連性,結びつき,関係」です(『MYP:「言語と文学」指導の手引き』)。時間,テクスト,文化などを越え,言語や文学における普遍性について探究したり,作者と受け手の関係性について探究したりすることができる概念です。

「コミュニケーション」とは,「メッセージ,事実,アイデア,記号などのやりとりや伝達」であり,そのためには「送り手,メッセージ,所定の受け取り手が必要」です(『MYP:原則から実践へ』)。テクストや活動を通して,効果的なコミュニケーション(書記言語,音声言語,非音声的言語を含む)について探究し,コミュニケーションそのものへの理解を深めます。

1 言葉と映像で人の心を動かす
―テレビコマーシャルの分析と制作から―

1 ユニットプランナー

重要概念	関連概念	グローバルな文脈
つながり	受け手側の受容　自己表現	個人的表現と文化的表現
探究テーマ		
作者は言葉と映像を使って人の心を動かし，アクションを引き起こす。		
探究の問い		
事実的問い：作者は詩やナレーションを通して何を伝えようとしているのか。 　　　　　　CMにはどんな表現の工夫がなされているか。 概念的問い：言葉や映像はなぜ印象に残るのか。 　　　　　　言葉や映像の組み合わせが受け手の視点をどのように変えるか。 議論的問い：言葉や映像はどのようにして受け手の印象に残るのか。 　　　　　　言葉と映像は世界を表現していると言えるのか。		
評価のための課題と評価規準		
詩の創作，啓発CM制作（C創作） 「言葉や映像の力」についての小論文（B構成　C創作） 　グローバルな社会問題を啓発する詩とCMを創作し，「言葉や映像の力」について記述する。		
ATL		
コミュニケーションスキル：異なる目的や受け手に応じて適切な記述形式を用いる。		
学習者像		
探究する人：詩のレトリックの効果やCMで使われている言葉や映像の効果を探究する。		
学習指導要領との関連		
「現代の国語」〔思考力，判断力，表現力等〕 【B　書くこと】 (1)ア　目的や意図に応じて，実社会の中から適切な題材を決め，集めた情報の妥当性や信頼性を吟味して，伝えたいことを明確にすること。		

2 ユニットのねらい

　何気なく見ていたコマーシャルの映像や言葉が、いつまでも心に残るという経験をした人は多いのではないでしょうか。わずか30秒の中には作者の思いが詰まっていて、私たちに強い印象を残すものもあります。場合によってはそのCMを観たことがきっかけで行動に移す人もいるでしょう。この単元では啓発広告の創作を通して、言葉と映像の組み合わせによる効果を探究しました。

　まず、谷川俊太郎の詩「朝のリレー」を使ったネスカフェのCMと、ＡＣジャパンの啓発CM（「歓声ですか、銃声ですか。」）を取り上げ、視覚テクストの表現方法や、その効果について分析しました。次に、書面のテクストの表現方法として、詩「朝のリレー」のレトリックについて学習しました。その上で、２つのテクストの伝わり方の違いやその効果について話し合いました。

　さらに、探究を深めるため、詩とCMを創作しました。各自が広告のテーマを選択することで、身近な社会問題やグローバルな問題についての関心を高めることもねらいとしました。探究活動の振り返りとして、最後に小論文を書き、「言葉と映像の組み合わせによる効果」について意見をまとめていました。こうした活動を通して重要概念「つながり」から探究テーマの理解につなげていくことをねらいとしました。

3 学習プロセス

1次	1時	【授業の導入】単元の説明、評価課題の説明、ＡＴＬスキル、学習者像の確認
	2時	詩「朝のリレー」を使ったCM作品、公共広告のCMを視聴し分析する。
	3～4時	詩「朝のリレー」を用いたレトリックの学習
2次	5～9時	【形成的評価：創作】啓発詩とCMの創作
	10～11時	【形成的評価：発表】創作した詩とCMの発表とディスカッション
3次	12～15時	【総括的評価：小論文】 詩の分析やCMの創作活動を振り返って小論文を書く。（1,000字程度）
	16時	全体の振り返り

4 授業の様子

⑴言葉と映像のつながり～CMの分析～

　最初に単元の説明、評価課題の説明、ＡＴＬスキル、学習者像の確認をしたあと、CMに扱

われる視覚のテクストの効果を分析しました。

　ＣＭの分析には分析表（表１）を使用しました。分析の表はルネ・ホッブス（2015）の『デジタル時代のメディア・リテラシー教育　中高生の日常のメディアと授業の融合』を参考にして作りました。

表１　ＣＭ分析表

ＣＭ分析（メディア・リテラシー）	
ＣＭの題名	ネスカフェ〜朝のリレー〜
関わりのある社会問題	睡眠不足，世界平和，長時間労働，子どもの幸せ
ＣＭの内容説明（要約）	世界の国々の時間が異なることで朝がリレーをしているみたい。ある国が夜ならばその他の国は朝だ。「交代で地域を守る」と言って，守るなら目をちゃんと覚ますためにネスカフェコーヒーを飲んでというメッセージを伝えている。
印象に残った言葉や映像とテクニック（言葉）なぜその言葉は印象に残るのか	朝のリレーのアレゴリーがあって，その詩は多くの人が知っていることで印象に残る可能性は高いです。「地域を交代でまもる」→寝ている人たちは自分を守れないから，起きている人たちがその人たちを守る。オーディエンスを考えさせる→「ちゃんと起きていると守れる」→コーヒー
印象に残った言葉や映像とテクニック（映像）なぜその映像は印象に残るのか	映像→人（子ども，大人）がベッドや机の上に眠っている姿。世界中の人々が映像に写ってるように寝てる間に無力で守りたいという気持ちを感じる。
登場人物―外見（服装，年齢，職業など）	子ども（パジャマとか），大人（パジャマ，スーツ，普段着）
登場人物―表情（うれしそう，悲しそう，怒っているなど）	平和な感じがする。眠っている。
場所・時間	朝（日の出），家，オフィス
BGM	ピアノのメロディー
全体の印象	人が眠っている時に起きている人が彼らを守りたい。この平和な時間を伸ばしたい。
誰に対してか	コーヒーを飲む人，忙しい人
この分析を通じてあなたが感じたこと	いいＣＭだと思いました。音楽，声，映像を効果的に使われていました。写っている人たちの眠っている姿をみてとても平和な分析でした。

　この分析によって生徒から「人の声が言葉と一緒になることで，理解が深まる。」「ナレーションのアクセントを変えることで，一番伝えたいところがわかる。」「優しい声は繊細な問題を扱っているから。」などの意見が出ました。映像に使われている言葉が，ナレーション，音楽，登場人物，背景と組み合わさることによって，作者からのメッセージを伝える力が増すのではないか，という学びが得られたようです。

⑵レトリックによる作者と受け手とのつながり〜詩のレトリックとその効果の分析〜

　ここでは，谷川氏の詩「朝のリレー」を用いて，言葉のレトリックが醸し出す作者の世界観を読み取り，その世界観はどう表現されているのか，また，私たち受け手の視点をどう変えるのかを探究しました。

　生徒は「カムチャッカ，キリンなどの意外な言葉を組み合わせることで読者に疑問を持たせ，詩の世界に惹きつける効果があるのではないか。」「目覚まし時計のベルが鳴ってる。」のは「平和な朝のはじまり。」「警告のベルかも。」など，受け手によっても全く違う解釈ができるこ

とを学びました。生徒は，作品のレトリックが様々なものの見方を与えることを発見したようです。ここでは解釈する力と批判的思考スキルを身につける学習としました。

　詩の分析にも分析表を活用しています。ここにその一部を掲載します（表2）。

表2　詩の分析

	詩の分析―レトリックを中心に
詩の題名・作者	「朝のリレー」谷川俊太郎
誰に対してか	日本にいるすべての人，特に若い日本人
関わりのある社会的問題	地球平和，環境問題，大気汚染，男女平等，労働時間
表現技法とその効果 （印象に残った表現とテクニック，効果を含む）	朝（比喩） 朝は飛行機で，飛行機に乗っている人々を輝く朝日のように前向きにしたい。すべての始まり。安心，安全なイメージ。朝は魔除けで，いやなことを忘れさせる。 明るく，ポジティブなイメージを連想させる。 希望や感謝のたとえ。平和＝理想？団結をイメージさせる。 朝のリレー（比喩） 世界の国々が太陽でつながっている。 毎日たくさんの人が，たくさんのことをしています。でも，私たちの太陽は1つだけで，私たちの毎日をリレーのようにつないでいる。朝を楽しみにしている。 世界平和。みんなの朝は違っていてもそれぞれが楽しんでいる。朝のポジティブな行動。 実在の地名 読者にリアルな感じをおこさせる。地名はこの世界に存在するので，谷川さんが作った自分の世界は，私たちのいる世界をベースとしていることがわかる。どこにいても朝は来るということがわかる。世界中のどこでもみんなが毎日起きてから，自分の問題があることに気づかせる。大きな世界に気づかせる。地球をイメージさせて，読者と比べ小さな存在に感じさせる。 「ロシア」と「キリン」の組み合わせ 遠い国へのあこがれ。夢の中は誰でもどんな夢でも見ることができる自由を感じさせる。 「朝もやの中でバスを待つ」 すごく早い朝，学校（仕事）に行かなくてはいけない。仕事なら可愛そう。 「ニューヨークの少女がほほえみながら寝返りをうつ」 （対比）「ニューヨーク＝忙しい街」と「寝返り＝平和，安心」 「朝陽を染める柱頭にウインクする」（比喩） なぜ朝陽の柱頭にウインクするのか，疑問をおこさせる。 少年がハッピーな気持ちで浮かれている様子
登場人物とその効果	「若者・娘・少女・少年」 若い人たちが登場するのは「この世界の未来も平和だよ」というメッセージ 若い人たちが純粋でけがされていないように描かれている。
作者の目的	世界は小さくみんなつながっている。今私が勉強しているこの時間，誰かが良い夢を見ている，学校へ向かっている，友達と遊んでいる，というメッセージを伝えたい。
私たちの世界と比較して	私たちと詩人の「朝」の捉え方が違う。日本人の「朝」は忙しい。 世界の人々は「毎日の失敗をやり直したい」「明日はもっと頑張りたい」と思っているうちに新しい朝を送っている。それは希望とも言える。

(3)グローバルな社会問題を啓発する詩を創作

　ここでは【形成的評価】として，グローバルな問題に焦点を当てた啓発詩を創作しました。

　ねらいは，生徒が受け手に伝わる詩を創作することによって，レトリックの学習成果を発揮することと，批判的思考スキル，創造性スキルを身につけることです。

生徒は，身近な社会問題やグローバルな問題に関するリサーチをしてから創作に入りました。以下，教育問題について取り上げた2人の成果物を紹介します。

創作詩1

夢があります	夢がありません
将来は医者になりたい	今週学校へ行けなくなった
夢があります	夢がありません
将来は先生になりたい	今日は私の結婚式です
私も夢があります	私も夢がありません
将来は歌手になりたい	私は妊娠しています

創作詩2

あなたにとって，学校に行くことは「めんどう」ですか？
それとも「楽しい」ですか？学校に行けることに感謝していますか？
読めることと書けることはふつうに誰でもできると思っていますか？
そう思うなら，あなたは大きな間違いをしています。

世界中で1500万の子供たちが学校に未就学です。大きい数だと思わないですか？
良い学校，いい教育のアクセスがない子たちの気持ちと思いは感じられますか？
この問題は貧しい町でたくさん起こっています。学校が必要なもの，制服，授業料を払えなくて，
こどもが学校に行けず兄弟の世話をしたり働いていたりします。

もしあなただったら，どう思いますか？（略）
良い経済と社会を実現できるように基本的な教育と平等な権利を必要としているこどもたちは
あなたの優しい心に呼びかけています。

やさしい思いを，やさしいことに。

創作詩1の生徒は，「朝のリレー」のレトリックを援用し，対句表現を使って，教育や貧富の格差からくる少女の対照的な生活を効果的に際立たせました。この成果物には，左右対称に描くという視覚のレトリックも取り入れられていることが分かります。また，「夢がありません」とネガティブな表現を学齢期の少女の言葉として使って受け手に強い衝撃を与えています。

創作詩2の生徒は，柔らかな言葉で問いかけを繰り返して詩に穏やかなリズムを生んでいます。「あなた」という二人称を使って受け手を詩の世界へ引き込むという「朝のリレー」と同じテクニックを使っています。最後に短い文で詩を締めくくり受け手の心に印象づけています。

生徒からは，「2作品とも同じく貧困国の子供たちが受ける不平等を訴えているが，言葉やレトリックの使い方の違いによって，全く異なった世界観が表現されている。」「立場の違う少女を左右に分けて描くことで，生まれた国による明暗をうまく表現できている。」「問いかけの表現からは，あらためて自分の生活を振り返るきっかけをもらった。」というコメントがありました。

⑷ グローバルな社会問題を啓発するCM制作

CMの創作では，絵コンテを書くことから始めました。この活動でも詩の創作と同じねらいでCMを創作しました。

生徒は，シーンごとの秒数や登場人物，背景，ナレーションを読む速さや，映像とセリフの

組み合わせなど，苦心して書きこんでいました。はじめは「私，漫画を描くのは苦手です。」と言っていた生徒も，目的は「レトリックで勝負」と，「伝えたいことをどう伝えるか」に考えを切り替えて，意欲的に取り組んでいました。また，絵コンテにまとめることで，自分が何を訴えたいのかがメタ認知できたようです。映像制作には無料の動画アプリを使いました。

　ここではＣＭ作成の前に書いた絵コンテの一部を２つ掲載します。

　１つ目の作品（絵コンテ１）では，異なるシーンを交互に映す手法は，「朝のリレー」のレトリックを援用したものです。「20秒に５人」「10秒に１人」と文末を省略する技法で，子どもたちの暗い将来を暗示しています。シーン３の唐揚げは，私たちがいつでも簡単に食べ物が手に入ることの暗喩として使われています。ここには掲載していませんが，女の子が食べかけのサンドイッチを口から離し「ああ，おなかいっぱい。」というセリフにエコーがかかっているシーンがあります。これは音の効果で食べ物を無駄にしている人のわがままを印象づける効果を表現したそうです。

絵コンテ１

	画像	セリフ・音・字幕　etc.	アクション
1		女の子と家族：いただきます BGM：静かなピアノの曲	家族がテーブルの周りでご飯を食べる幸せそうな子どもの様子　楽しい場面は１秒長くする
2	20秒に５人	ナレーター：20秒に５人	おなかをすかせている子どもたち
3			唐揚げを食べる姿美味しそうにパクパク食べる
4	10秒に１人	ナレーター：10秒に１人	動けないくらい体力のない子ども，赤ちゃん

2つ目の作品（絵コンテ2）は，私たちがもっているジェンダーバイアスについての啓発CMです。テーブル上の調理道具と勉強道具，男女の座る位置で私たちの思い込みを暗喩で表現しました。男女がお互いに道具を渡し合うという動作は，「朝のリレー」のバトンをわたすという暗喩からの援用で，最後のナレーション「教育は壁ではなく，橋を作る。」と重なり，言葉と映像の相乗効果を生み出しています。詩人の用いたレトリックを生徒が自らの成果物に引用した好例と考えます。

絵コンテ2

	画像	セリフ・音・字幕　etc.	アクション
1		セ：その理由は，貧困や児童婚。それはジェンダーの違いによる暴力です。（間）女の子は家事をすることと，結婚の準備をしなくてはいけない。	女子は調理道具の前に，男子は勉強道具の前に座る。
2		ナレーション：このサイクルは永遠に続いている。教育は壁ではなく，橋を作る。	それぞれが興味あるものを手にする。相手が必要としているものを渡す。「有難う」のしぐさ。

5　成果物とその評価

「言葉や映像はなぜ私たちの印象に残るのか」──【総括的評価：小論文　評価規準：B，C】

　　言葉と映像の組み合わせは強力な武器になると考える。なぜならそれぞれの特性が合わさることによって，人に与えるインパクトが強まり，人を動かす力にもなるからだ。
　　例えば観ているテレビドラマに好きなキャラクターが印象的なセリフを言うと，私たちはそれを覚えてSNSで何回も使ったりする。なぜなら，そうすることで私たちはキャラクターと共感することができるからだ。共通の言葉を使って，キャラクターとのつながりを感じることができるのだ。このように単なる言葉とわかっていても私たちの心を動かし，行動させる力が，言葉にはある。
　　言葉はなぜ私たちに印象を残すのだろうか。私たちは生まれた時から今まで言葉を少しずつ学び続けてきた。成長しながらいろいろなことを学び，体験し，その中で特定の言葉がその体験と結びつくとその言葉は私たちにとって特別なものとなるのだ。たとえば，「さよなら」という言葉を聞いたとき，どういうイメージが出てくるのかは人によって変わる。こういう風に言葉は私たちにつながるのだ。言葉は個人的な体験だけでなく，私たちが関わるものすべてに印象を残すこともできる。たとえば詩に使われている言葉から私たちは私たちの見方で詩人とつながることができるし，詩人が体験した世界とつながることができるのだ。
　　映像は印象を視覚で私たちに訴える。例えば好きな歌手のMVを観て，私たちはそこに映し出される映像から歌手が何を言おうとしているのか，歌詞と映像とのつながりを知ろうとする。
　　映像を見ることで，歌手との一体感を感じられることもある。そこに自分がいるかのような疑似体験もすることができる。このように映像には人を視覚で惹きつける力があるのだ。
　　映像と言葉がうまく組み合わさると，より印象が高まる。なぜなら，私たちは映像を見ながら頭の中にその映像に対する言葉が浮かぶからだ。例えば，多くの人の共感を呼ぶような犬の映像と言葉を組み合わせることで，受け手の感情を動かし，行動を促すこともできる。個人に関係するもの，気になるもの，大事と思うものが映像として現れ，言葉と結びつくことで私たちは無意識にその影響を受けているのだ。
　　以上のことから，言葉は人の体験と結びつくことでその印象を強め，映像には，視覚に訴えることで人に疑似体験をさせる働きがある。二つの特性を組み合わせることで，人の心に強い印象を残すことができるのだ。

総括的評価では，概念的問い「言葉や映像はなぜ印象に残るのか」に対する小論文を書きました。評価したポイントは，言葉と映像の組み合わせによる効果を，好きなキャラクターが使う言葉や，歌手のＭＶの映像など，身近な例をあげて簡潔明瞭に示している点，組み合わせの効果が受け手の感情につながり行動を促す，と独自の見解が述べられている点です。

　引用した成果物の他にも「言葉は，抽象化された映像を具象化する働きがある。またその逆も。」などの意見がありました。

6　振り返りと学びの広がり

　本ユニットでは，言葉と映像の組み合わせによる効果を，詩やＣＭという教材を使って探究しました。ここでとくに生徒の学びが深まったのは，詩とＣＭの創作活動においてです。自らの思いを成果物に込めるためにレトリックと格闘し，表現する難しさを経験しました。これは詩やＣＭの作者の思いを疑似体験することにもつながったと思います。

　また，発表，ディスカッション，振り返りの場面では，自分が意図していなかった効果を受け手に与える可能性に気づき，思いが通じた時の達成感を味わっていました。

　今回の探究では，他から受け取った情報を自らの表現で受け手へつないでいくことの意義を学ぶ良い機会ともなりました。また，グローバルな問題を創作活動に取り入れたことで，世界の問題と自分との関わりについても認識を深め，言葉や映像によって問題解決に貢献できるのでは，という気づきもありました。つまり，広告というメディアが言葉と映像を使って人の心を動かし，作者の意図を受け止めた視聴者が次のアクションを起こす「つながり」という概念への気づきです。これによって，生徒の中に探究テーマの理解が生まれたと思います。

　ここでの学びは，音楽の授業で名曲にインスパイアされた詩の創作や美術で啓発絵本の創作などに転移し，いかされることでしょう。また，議論的問い「言葉と映像は世界を表現していると言えるのか」については，日常生活においても，言葉や映像が世界の一部を切り取ったものに過ぎないこと，描かれていないものへの気づきなどに批判的思考スキルを発展させていけることを期待します。

（首藤　律子）

〔参考資料〕
谷川俊太郎著（1968）『谷川俊太郎詩集』河出書房
ルネ・ホッブス著　森本洋介，中村純子他訳（2015）『デジタル時代のメディア・リテラシー教育　中高生のための日常のメディアと授業の融合』東京学芸大学出版会　p.71

2 直訳の向こう側へ
―五言絶句・七言絶句の訳詩づくり―

1 ユニットプランナー

重要概念	関連概念	グローバルな文脈
つながり	テクスト間の関連性　スタイル　文脈	個人的表現と文化的表現
探究テーマ		
文体や文脈をふまえた表現により，翻訳は原作と私たちとをつなげる。		
探究の問い		
事実的問い：翻訳にはどのような種類があるのか。 　　　　　　漢詩にはどのような規則性があるのか。 概念的問い：文体やテクストが置かれた文脈を考慮することで，翻訳表現はどう変わるか。 　　　　　　翻訳はもとの作品の伝えたいことにどの程度まで近づけるのか。 議論的問い：完璧な翻訳は作り出せないのか。 　　　　　　翻訳の限界は実生活ではどのような場面で生じるか。		
評価のための課題と評価規準		
訳詩づくり（A分析　C創作　D言語の使用） 漢詩の読解（ペーパーテスト）（A分析　D言語の使用）		
ATL		
転移スキル：外国語学習や，日常生活の中にある翻訳場面に結びつける。		
学習者像		
考える人：翻訳表現の可能性について考える。		
学習指導要領との関連		
「言語文化」〔知識及び技能〕 (1)ウ　我が国の言語文化に特徴的な語句の量を増し，それらの文化的背景について理解を深め，文章の中で使うことを通して，語感を磨き語彙を豊かにすること。		

2 ユニットのねらい

　古典学習を行う上で生徒に提示される訳は，そのほとんどが「直訳」なのではないでしょうか。定期試験などでペーパーテストを実施する場合，本文に傍線を引き，「傍線部を現代語訳せよ。」という問題を出すことは珍しくありません。その際に，どのような現代語訳が正答になるのかというと，「直訳」をベースとし，出題者の意図にあった訳（例えば，「な〜そ」であれば「〜してはいけない」と訳す）ができているかどうかが基準となります。このように訳を学習することは，基本的な古典文法の習得においては重要なことで，この基本があるからこそ，誤読せずに読んでいくことができます。

　しかし，「直訳」の段階で学習の歩みを止めてしまうと，例えば詩などにおいては，詩のもつ情緒が感じられなくなったり，リズムが消失したりといったことが生じてしまいます。詩人が感じた言語以前の世界の表出を機械的に直訳するのではなく，社会的背景，文化的背景などといった文脈や，押韻などといった文体の特徴をふまえ，「訳詩」として訳すことによって，より原作者の思いに寄り添った翻訳表現ができるのではないでしょうか。

　そして，「訳をする」という翻訳作業は古典学習に限ったものではありません。外国語学習における日本語訳への取り組みは，翻訳と言われて真っ先に思いつくものだと思います。そこで，この古典学習が他教科とも結びついていることを生徒に気づいてもらえるように，英語教材（英詩）を授業に取り入れるようにしました。

　また，授業の学びが，教科間だけでなく，実生活とも結びついていることに気づいてもらう必要があります。そこで，学習プロセスの最後のまとめとして，この単元での学びと実生活との結びつきについて考えます。

3 学習プロセス

1次	1時	直訳と訳詩の違いを確認する。 ・既習の「論語」における直訳と高橋源一郎訳を比較する。 ・英詩「Daffodils」（William Wordsworth）の文体を分析し，訳詩にしてみる。
2次	2〜5時	漢詩を読む。 ・漢詩の規則性を理解する。 ・3人班で分担し，「静夜思」「送元二使安西」「春望」について情報収集（書き下し文，押韻，対句，作者情報，時代背景など）を行う。 ・調べた漢詩についての情報を共有する。
3次	6〜7時	訳詩を創作する。 ・「静夜思」「送元二使安西」「春望」の中から一編選び，訳詩を創作する。

4次	8時	翻訳という営みについて議論する。
		・「訳詩はもとの作品の伝えたいことにどの程度まで近づけるのか」
		・「原作者の思いと完璧に一致する翻訳表現は作り出せるのか」

4 授業の様子

(1)直訳と訳詩の違いって？

　一般的な学力試験においては，「直訳」が求められており，出題者の意図をくみ取り，「句法」や「重要語句」をふまえた「直訳」を答えるのが鉄則であることを確認します。例として既習の漢文を提示（今回でいうと「論語」）し，模範解答を示します。

> 《本文》子曰，「君子和而不同。小人同而不和。」
> 《直訳》先生が言うには，「君子は協調するが同調しない。つまらない人物は同調するが協調
> 　　　　しない。」と。

　しかし，この「直訳」は翻訳の一例に過ぎず，原典の雰囲気により近づけた訳をしたいと考える人もいるようだと，高橋源一郎氏が2019年に出版した『一億三千万人のための「論語」教室』の中から，上記した漢文の訳を紹介します。

> 《高橋訳》「『和して同ぜず』は，わたしの名言の中でも，ヒット中のヒットとなったやつで
> 　　　　　す。（中略）『仲良くすることは大切だが，だからといってよくわかってないのに
> 　　　　　「いいね！」ボタンを連打するのは考えもの』ということ，（後略）」

　そして，とくに詩においては，詩の規則も忠実に表現した訳をしたいと考える人もいるようだと説明します。ここからいきなり漢詩に取り組んでもよいのですが，難しい文法事項や語句が含まれていない，簡単な英詩（「Daffodils」William Wordsworth）で訳詩づくりを体験してもらいます。このステップは，直訳と訳詩の違いを肌で感じることと，この授業が外国語学習とも結びついていることに気づいてもらうことを目的としています。生徒は，もとの英詩にはどのような特徴があるかを分析し，その結果をもとに訳詩を創作します（例えば，韻を踏んでいる等）。

> 《英詩》I wandered lonely as a cloud
> 　　　　That floats on high o'er vales and hills,
> 　　　　When all at once I saw a crowd,

A host, of golden daffodils,

Beside the lake, beneath the trees,

Fluttering and dancing in the breeze.

（森山泰夫（1993）『英米名詩の新しい鑑賞　抒情詩の７つの型』三省堂より引用）

《直訳》私は独り，谷や丘の上に浮かぶ雲のように漂っていた

突然一つの群れが目に入り，それは黄金色の水仙，

湖のそばで，木の下で，そよ風に吹かれながら揺れ動き，踊っている

（訳は本節執筆者が作成）

今回の実践においては，直訳とは違った訳詩として，以下のような訳詩が創作されました。

《生徒作品》孤独の私　遠くで浮かぶ

雲のように　漂った

ふいに見つけた　一つの大群

輝く水仙　黄金色

湖は観客　緑のステージ

そよかぜ　ささやき

君は舞う

　創作後，今度は漢詩で訳詩を創作することと，社会的背景，文化的背景などといった文脈や，押韻などといった文体の特徴をふまえることが訳詩にどのような影響を与えるかを考えていくことを，生徒には伝えました。

(2)手分けして漢詩を読もう

　このユニットで扱う漢詩は全部で３編です（「静夜思」「送元二使安西」「春望」）。これらに取り組む前に，漢詩のルールについて確認します。漢詩は唐の時代を境として，古体詩・近体詩に大きく分けることができることや，なぜ唐（盛唐）において漢詩のルールが厳格化されたのかということに触れつつ，「詩形」「押韻」などについての基本事項を押さえます。この段階においては，従来の国語総合の指導方法とそれほど差があるものではなく，漢詩を読む上での基本事項の習得を念頭に置いた授業を行っていきます。

　３編の漢詩の具体的な読解については，次のような方法を取ります。３人班の中でA，B，Cに役割分担し，Aの人は「静夜思」，Bの人は「送元二使安西」，Cの人は「春望」について，教科書，便覧，研究論文，インターネットを参照しながら情報収集（書き下し文，押韻，対句，作者情報，時代背景など）を行います。今回はこのような方法で実施しましたが，例えば扱う

漢詩を１つに絞り，Ａは「作者情報」，Ｂは「社会の様子」，Ｃは「詩に用いられている技法」のような役割分担することも可能です。

　今回の実践において，収集した情報をメモしたワークシートが図１です。漢詩の読みが深まるようにガイディングクエスチョンをワークシートの隅に掲載しておきました。

　役割分担の様子を観察していると，自分の力で考察しなくてはならないガイディングクエスチョンへの取り組みを通し，例えば，李白の生涯を調べる中で故郷を思う気持ちの理解が進んだといったコメントを生徒から聞くことができました。

　なお，この段階における漢詩の訓読や規則に関連する内容についてはペーパーテストを実施し，「規準Ａ分析」と「規準Ｄ言語の使用」で評価します。

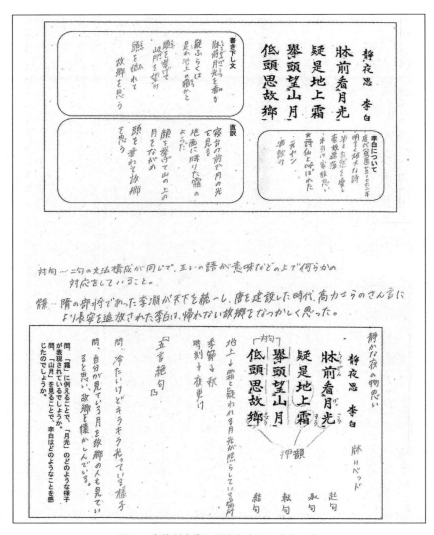

図１　生徒が実際に記入したワークシート

⑶訳詩を作ってみよう

　漢詩の読み取りのあと，生徒は3編の漢詩の中から好きな漢詩を1つ選択し，訳詩を創作します。自分で選択することで，生徒は主体的に訳詩作りに取り組むことができます。

　英詩の時とは違い，様々な文脈情報を入手しているため，それをいかした訳詩を創作するように指示します。訳詩の創作中には机間指導を繰り返し行い，形成的評価としての助言や改善点を伝えていきます。例えば，韻を踏むことに熱心なあまり，肝心の詩人の気持ちへの配慮がない訳詩になっている場合があります。そのような場合には，その漢詩について調べた情報をもう一度復習し，その漢詩に込められた詩人の気持ちなどを考えます。また反対に，漢詩のもっていたリズム感が訳詩から失われている場合は，言葉選びや比喩の工夫をすることを助言します。これらの助言（形成的評価）は，生徒の学習に対する理解や知識，スキルの向上をねらいとしています。

　このような過程を経て完成した訳詩は回収し，評価を行ったあとフィードバックとしてコメントを書き，生徒に返却します。このフィードバックによって，どこまで学習が到達したのかを確認し，何が自分の課題として残っているのかを生徒は理解することができます。

⑷翻訳という営みについて議論する

　訳詩創作のあとは，教室全体で「文脈や文体を考慮することで訳はどのように変わったか」について考えます。今回の実践においては，「直訳に比べ，文脈や文体をふまえた訳詩のほうが，詩の原作者の気持ちに近い表現になっているように感じた」という意見を多く聞くことができました。

　次に，黒板に0から100までの数直線を引き，「訳詩はもとの作品の伝えたいことにどの程度まで近づけるでしょうか」と生徒に投げかけます。生徒からは，様々な数字が返ってくることが想定されます。今回は，10，54，67という数字が返ってきました。いずれにしても，100にはなっていないことを生徒とともに確認します。

　また，「完璧な翻訳表現は作り出せないのか考えてみましょう」と問います。今回，生徒たちからは，「どれだけ文脈や文体をふまえても，完璧な翻訳表現を作り出すことは難しい」と答えが返ってきたため，どうしてそう考えるのかを聞いてみました。すると「本人に聞かないと，本当の気持ちは分からない」と，ある生徒が答えました。確かにその通りだと思います。しかし，だからこそ，文脈や文体といった様々な情報をふまえた解釈を行って多様な翻訳表現を生み出し，「もしかすると，こんなことを言いたかったのかもしれない」と作品理解の幅を広げていくことが必要なのではないかと生徒に説明します。

　そして，今回の授業の最初に，英詩を使った活動を行ったことを思い出してもらいます。ここで生徒は，英詩をもとにした訳詩においても同じことが言えることや，自分たちが創作した訳詩のさらなる翻訳表現の可能性に気づき，古典学習と外国語学習における教科間のつながりを意識することになります。

5 成果物とその評価

　生徒の成果物を2つ紹介します。まずは，「送元二使安西」を選択した生徒の成果物です。

《漢詩》

渭城朝雨浥軽塵
客舎青青柳色新
勧君更尽一杯酒
西出陽関無故人

《直訳》

渭城では朝から降る雨が塵を濡らし、
旅館では青々とした柳の葉が鮮やかである。
君よ、もう一杯、飲み尽くしてくれ。
西の陽関を出れば、
旧友はいないのだから。

（訳は本節執筆者が作成）

《生徒作品》

渭城の朝雨　軽塵うるおう
客舎の柳　いと青々　みずみずし
君に乾杯　そしてもう一杯
築いてきた思い出いっぱい　そして乾杯
いずれ越える陽関に　酒と友はいないぜ
俺は悲しむ　そして俺は嘆く
俺らの絆絶えず　柳と愛を君に捧ぐ

　この訳詩についてのフィードバックです。

　「漢詩のもつ押韻という特徴が訳詩の中にも取り入れており，音読した時に感じる漢詩のリズムを訳詩でも感じることができます。また，別れの象徴としての柳を詩の最後にも登場させるなど，当時の習慣もふまえられています。そして，"悲しむ""嘆く""絆"といった言葉から，作者である王維の，旧友に対する別れを惜しむ気持ちがしっかり表現された詩になっています。漢詩の一行目と二行目が漢詩全体に対してどのような意味をもつのかへの考察があれば，さらによい訳詩になると思います。」

　次に，「静夜思」を選択した生徒の成果物です。訳詩についてのフィードバックは次のとおりです。

　「訳詩の各行が五・七・五の構成になっており，漢詩を口にした時の詩のリズムを訳詩でも感じることができます。押韻の特徴も訳詩の中に取り入れると，より漢詩に近いリズムを生み出せる可能性があります。直訳では月の光は"さしこむ"ですが，"降る"と表現していたり，"故郷のことを思った"が"ふと思い出す　糸の張り"と表現されていたりと，言葉選びに高度な工夫が施されています。若くして故郷を旅立った作者である李白の望郷の念を，人との絆を表現した"糸"という言葉に込めることができています。」

《漢詩》

牀前看月光
疑是地上霜
挙頭望山月
低頭思故郷

《直訳》

寝台の前にさしこむ月の光を見る。
地上に降りた霜かと思った。
頭を挙げ、山の端の月をながめ、
頭を垂れ、故郷を想う。

（訳は本節執筆者が作成）

《生徒作品》

夜のふちに　空から降るは　月の光
それはまるで　地を舞い踊る　霜のむれ
上を向けば　闇をただよう　山の月
下を向いて　ふと思い出す　糸の張り

6 振り返りと学びの広がり

　このユニットにおいて生徒たちは，探究テーマであった「文体や文脈をふまえた表現により，翻訳は原作と私たちとをつなげる」について，訳詩作りを通して自分たちで気づくことができました。また，「漢文」ではなく「翻訳表現」について考えていくことで，古典学習が外国語学習といった他教科とも結びついていることにも気づくことができました。

　最後に，学習を実生活と結びつけていくための問いとして，「完璧に翻訳することは難しいという，翻訳の限界についての気づきがありましたが，翻訳の限界は実生活ではどのような場面で生じるのでしょうか」と質問したところ，「海外ニュースも実は完璧な翻訳になっていないのではないか」「同じ日本語でも，記者が間に入っていることから，自分たちのところに届くまでに様々な解釈という翻訳が入ってしまっているのではないか」という気づきが生徒から出てきました。

　この気づきは，生徒が様々な翻訳表現の可能性について考えられるようになりつつあることや，学習を実生活にも転移させることができるようになりつつあることを示しています。とくに，2つ目の気づきは，こちらが想定していた以上の気づきでした。このように生徒たちは，授業での学びを別文脈に結びつけていくことで，授業者の想像を超えた学びを自ら達成することができるのです。

（横田　哲）

〔参考資料〕
高橋源一郎著（2019）『一億三千万人のための「論語」教室』河出書房新社

3 家族とのコミュニケーションを密にしよう
―家族の好きなものインタビュー―

1 ユニットプランナー

重要概念	関連概念	グローバルな文脈
コミュニケーション	登場人物　自己表現	アイデンティティーと関係性
探究テーマ		
コミュニケーションによる他者との関係性の気づきが,自己のアイデンティティー形成に影響を与える。		
探究の問い		
事実的問い：作品内では登場人物の気持ちがどのように表現されているか。 　　　　　効果的なインタビューやプレゼンテーションを行うにはどうすればよいか。 概念的問い：コミュニケーションは,他者との関係性を築くのにどう機能するか。 　　　　　親との関係性は,自己のアイデンティティーにどう影響しているか。 議論的問い：どうすれば他者とより深い関係性を築くことができるか。 　　　　　コミュニケーションを通して,関係性はどのように変化したか。		
評価のための課題と評価規準		
①テスト（A分析　B構成　D言語の使用） ②プレゼンテーション（B構成　C創作　D言語の使用）　③意見文（A分析　B構成　C創作）		
ATL		
コミュニケーションスキル：ライティング形式や多様な会話テクニックを用いる。 自己管理スキル：個人的な目標を達成するために方法を計画し,行動する。		
学習者像		
コミュニケーションができる人：コミュニケーションの必要性を認識する。		
学習指導要領との関連		
〔思考力,判断力,表現力等〕【A　話すこと・聞くこと】 (1)ア　目的や場面に応じて,日常生活の中から話題を決め,集めた材料を整理し,伝え合う内容を検討すること。 〔思考力,判断力,表現力等〕【C　読むこと】 (1)イ　場面の展開や登場人物の相互関係,心情の変化などについて,描写をもとに捉えること。		

2 ユニットのねらい

　本単元は，中学校に入学したばかりの１年生を対象にしています。家族の「お気に入りのもの」をインタビューして，そこで得た情報を整理しプレゼンテーションする，という活動です。
　この単元のねらいは主に２つあります。
　１つ目は，国際バカロレアの授業スタイルに慣れてもらうという目的です。４月に入学したばかりの生徒たちにとって，これまでの小学校とは大きく学び方が変わります。受け身の学習ではなく，プロジェクトを通して学んでいくことの楽しさや意義を体験してほしいと考えました。また，活動の中で，ルーブリックを用いたパフォーマンス課題への取り組み方も全員で学んでいきます。
　２つ目は，家族との対話の機会を増やすという目的です。しかも，ただ対話をするだけではなく，そのことを通してコミュニケーションの重要性や，自己のアイデンティティー形成への影響について考えてほしいと意図しています。これは中学１年生にとっては難しい課題ですが，概念理解を深めるためにも単元の中で積極的に生徒に問いかけていきます。
　本単元では，教材として椎名誠「風呂場の散髪──『続岳物語』」，向田邦子「字のない葉書」を取り上げています。作品の詳細な読解や分析を通して，コミュニケーションによる親子の関係性の変化，またそれに伴うアイデンティティー形成といったテーマを，客観的に考えることを促していきます。
　新型コロナウイルスの影響で，この単元の大部分がオンライン授業となりました。自宅待機が続く中で，家族とのコミュニケーションを密にし，家族の関係性について考え直す機会にしてほしいというねらいもあります。

3 学習プロセス

1次	1～2時	オリエンテーション：国際バカロレアの学び方について知る。
2次	3～6時	「風呂場の散髪──『続岳物語』」（小説）を読み，成長について考える。
	7～10時	「字のない葉書」（随想）を読み，家族の絆について考える。
3次	11～13時	家族に「お気に入りのもの」をインタビューし，得た情報を整理する。 スライドを作成し，プレゼンテーションの準備をする。
	14～15時	家族の「お気に入りのもの」を発表し合う。
4次	16～18時	コミュニケーションをテーマにした意見文を作成する。

4 授業の様子

(1)自己紹介・中学校の授業オリエンテーション

　最初の学習オリエンテーションでは，国際バカロレアの学び方について生徒に説明を行います。中学校での学びに不安を抱えている生徒もいますので，なるべく和やかな雰囲気で，質疑応答の機会を増やし，ポジティブな受け答えを意識します。

　また，自己紹介カードを用いた簡単なクラス活動も行いました。名前や誕生日の他に，好きなことや今夢中になっていることを一人ずつ紹介していきます。初期の緊張状態から解放するとともに，今後の学習活動をスムーズに行うための演習でもあります。

(2)作品の読解を通して家族とのコミュニケーションについて考える

　次に，家族をテーマにした作品を読んでいきます。取り上げた作品は，椎名誠「風呂場の散髪——『続岳物語』」と，向田邦子「字のない葉書」です。

　「風呂場の散髪」は，子どもの成長の突然の発露に面食らう父と，親離れを宣言し後戻りのできない子の様子が描かれます。作品中の，どのセリフや表現に登場人物の心情が表れているか，丁寧な読解や分析を通して，生徒たちは考えていきます。これは事実的問いにあたります。

　さらに，「成長とは何か」「親との関係性は，自己のアイデンティティーにどう影響しているか」という概念的なテーマについても生徒同士で話し合いを行いました。

　「字のない葉書」は，筆者の戦時中の体験をもとに，家族の絆を描いた随筆です。

　授業では，登場人物である「父」の気持ちやその変化について話し合い，父親の人物像についての理解を深めました。ここでも「家族の絆とは何か」というテーマについて考える時間を設けています。

　このように，作品を読解し，さらに概念的に捉えていくことで，テーマについて客観的に考える習慣がつくようになっていきます。また，概念化することで，今度はそれを自分たちの親子関係など，別の文脈についても応用して（転移して）考えることができるようになります。

　今回は，2作品の読解に続いて，生徒自身が自分たちの親子関係を振り返る時間をとりました。「親とはあまり口をきかなくなっている」という親子のコミュニケーション不足についての意見や，「（「風呂場の散髪」を読んで）成長に伴って，上手にコミュニケーションをとって親子関係を築くことが大切なのではないか」などの前向きな意見があがりました。

　ある生徒から「実はあまり家族のことを知らない」という意見が出されました。これは次の活動にもつながるポイントであるため，教師の方で取り上げ焦点化しました。次に行う学習活動を紹介し，「インタビューを通して，家族とのコミュニケーションや関係性について考えてみよう」という概念的な目標も同時に示しました。

これらの文学作品の読解や，概念的なテーマについての話し合いは，生徒が家族とのコミュニケーションについて客観的に振り返る機会となりました。またそれが「親のことを知りたい」という動機づけにもつながったのではないかと思います。

(3)家族に「お気に入りのもの」をインタビューしよう

次は，家族に「お気に入りのもの」をインタビューする活動です。「ユニットのねらい」でも述べたように，思春期の中学生に，家族との対話の機会を増やしてほしいという意図があります。インタビューで得た情報を整理し，このあとの発表に向けての準備を行います。ＡＴＬスキルのうちの「コミュニケーションスキル」「自己管理スキル」を身につけるための活動でもあります。

インタビューは次の手順で行いました。

①家族の誰にインタビューするか決める。

②「お気に入りのもの」を尋ねるための具体的な質問を
　いくつか考え，質問の順番を考える。

③インタビューを行い，メモを取る。

④発表準備を行う。

下書きとして「家族のお気に入り紹介カード」を作成する。

カードをもとにスピーチ原稿とスライドを作成する。

毛がふわふわしていてさわり心地がとても気持ちいいから。	いつも母のあとを追ってきてくれるぐりがとても可愛いから。	母の疲れたときにぐりを見るととても，癒やされるから。
寝ている姿がとても可愛くて手でなでても起きないぐりがおもしろいから。	母のお気に入り★ペットうさぎの「ぐり🐰」	ぐりが生まれて1ヶ月のときからぐりがいるので家族同然だから。
はじめてかったペットがぐりだから。	ホーランドロップが大好きだから。	子供が大きくなったので小さいぐりが可愛いから。

家族のお気に入り紹介カード

(4)家族のお気に入りを紹介しよう

インタビューした内容をもとにして，オンラインでの発表会を行いました。

発表する際には，聞き手によりよく伝わることを目指し，話し方や示し方を工夫するよう伝えています。具体的には以下のようなポイントです。

・話し方（声の大きさ，話す速さ，発音，間のとり方）

・言葉の選び方，一文の長さ，話の順番

同時に聞き手には，内容で感心した点や，示し方・話し方の工夫についてコメントできるようにメモを取るように促しています。これらも「コミュニケーションスキル」の１つです。

また，発表の際の評価のポイントをルーブリック（後掲）にして示すことで，目標を明確にするとともに，ルーブリックの見方や活用の仕方について学ぶ機会としています。

お母さんの
好きなフラダンス

みんながえがおになるから
踊っているひとがにこやかで
衣装が華やかだから

いろいろなところで踊ることができる
例えば　ツインタワー・老人ホーム・ホテルなどなど

○○文化センター

生徒の作成した発表スライド

インタビューとスピーチ発表についての総括的評価では，自己評価と相互評価を重視しました。生徒が自己評価により自己の発表を振り返り，自ら改善点を見つけ，次回につなげるためです。また，他の生徒との相互評価により，他の生徒の良さを認め合い，お互い高めようとする協働作業も目指しています。

　具体的な振り返りの項目を以下にあげます。また，何人かの生徒の振り返りコメントの例も併せて紹介します。

《インタビューの振り返り》

①どんなテーマでインタビューしましたか。誰に，どんな内容のインタビューをしましたか。

②どのような質問の時，話が展開しやすかったですか。良い質問とはどういうものですか。

③インタビューで大切なことは何か書いてください。

《スピーチ発表の振り返り》

①あなたのプレゼンテーションの題材は何ですか。

②どんなことを伝えようとしましたか。話の中心はどんなところでしたか。

③自分なりに一生懸命話題を探したり，内容を考えたりしましたか。

④話す順番，話の中心，発表の仕方などを工夫しましたか。

⑤声の大きさ，話す速さ，発音など，聞き取りやすく話せましたか。

⑥聞き手の様子を見ながら，姿勢よく話すことができましたか。

⑦満足のいくプレゼンテーションができましたか。

⑧自分でやってみて，頑張ったところ，もう少し努力や工夫をすればよかったところなどを具体的に書いてください。

プレゼンテーションの様子

⑨仲間のプレゼンテーションを聞いて良かった点や感じたことをまとめましょう。

⑩分かりやすいスピーチをする時に大切だと思うことを3つあげてください。

《生徒のインタビューの振り返り例》

・今まで，毎日一緒に暮らしていて，お母さんのお気に入りが真珠のネックレスであることはインタビューで初めてわかりました。

・今回は，親のお気に入りという内容でインタビューしたので，お父さんも話したいことが多く，いつものお父さんと違って，お父さんの自動車について色々詳しく聞くことができました。

《生徒のスピーチ発表の振り返り例》

・わかりやすい内容や導入・展開・まとめ等は話す順序とともに，大きい声やはっきりした正しい発音で話をすることが大切です。また，身振りや手ぶり，視線，姿勢等にも注意しなければならないと思いました。Aさんのスライドショーは，話の順序と合わせた具体的なものでとてもよくわかりました。

これらの一連の活動を通して，生徒が親を改めて認識し，親子相互の理解を深め，コミュニケーションをより一層密にすることにつながったのではないかと思います。また，他の生徒のスピーチを聞くことで，親子の多様性について理解を深めることができました。

　オンラインでのスピーチの発表では，適切に話すというコミュニケーションスキルをより一層上達することができました。目的に応じて話題を選び，話し方を工夫すること等を学習し，人と人のつながりを豊かにしていく手段としてのスピーチを実感することができたと考えます。

(5)意見文を書く

　最後に，これまでの学習をふまえて意見文を書く課題に取り組みました。「コミュニケーション」や「他者との関係性」をテーマに，自分で考えたことを文章にしていきます。

【意見文例１】
　私は国語の授業で，コミュニケーションはとても大事だと学びました。その中でも特に心に残ったこと，それは「家族との会話」です。会話をすることで，その日，親がどんな一日を過ごしたのか，ということに気づくことができます。……　母にインタビューをして，家族の絆を感じることができました。このインタビュー後，自分に対する行動や内容が変わっていることに気づかされました。私は，インタビューをして母の知らなかったことを知り，お互いがよりわかりあえたように思います。この学習を良いものにして行くために，友達の発表でよかった表現方法や友達の家族に対する接し方を学び，私の表現方法や生活に取り入れていきます。

【意見文例２】
　お気に入りについてインタビューして，私は私の考えや伝えたいことを，効果的に伝えるために，工夫することにより，コミュニケーション能力が上達したと思います。また，普段は，毎日学校があり，親とのコミュニケーションをすることができなかったですが，今回のインタビューを通して，お父さんやお母さんのお気に入りを通して，親の気持ちも理解したように思います。

【意見文例３】
　私は今でも父と一日中コミュニケーションをとることが少ないです。車の中や暇なとき，なるべく自分から父に話しかけるようにしています。しかし，この学習で父とのコミュニケーションの大事さに改めて気づき，これからもできるだけ父と話をしたり，質問したりしてコミュニケーションをとっていきます。

5 成果物とその評価

　本ユニットの成果物を評価するために，複数のルーブリックを作成しています。

　以下は，スピーチ課題のルーブリックの例です。

評価	表現	内容
1〜2	声が聞き取れる大きさである。	自分の経験と考えを記している。
3〜4	声の大きさが適切であり，かつ聞き取りやすい。	自分の経験とそこから得られた考えを，テーマに即して表現している。
5〜6	声の大きさが適切であり，かつ聞き取りやすい。原稿から時折顔を上げ，原稿の内容に合わせて強弱をつけて話している。	自分の経験とそこから得られた考えを，テーマに即して，根拠に基づいた論理的な文章で表現している。
7〜8	声の大きさが適切であり，かつ聞き取りやすい。原稿から顔を上げ，声の強弱，間，緩急などを工夫して，自分の主張を聞き手に訴えかけることができている。	自分の経験とそこから得られた考えを，テーマに即して，根拠に基づいた論理的な文章で表現している。広い視野をもって捉え，これからの自分にいかそうとしている。

　上記のルーブリックで7〜8の評価を得た生徒のスピーチ例を以下にあげます。

《生徒のスピーチ例》

　皆さん，これは何だかわかりますか。（問いかけ）そう，これは母のお気に入りのフライパンです。

　私の母はすごく不器用で，家事も全然うまくできない人ですが，私にバランスの良い食事が取れるのか，試行錯誤をしています。……そんな母に，私たち姉妹はこのフライパンを母の誕生日に送りました。（初め）

　このフライパンは，焼く，炒める，蒸す，揚げるなどの調理がひとつで可能なとても便利なフライパンです。専門的な道具をそろえることなく，さまざまなお料理にも挑戦しやすくなるのがメリットです。

　ここを見てください。「いつも私たちのために料理を作ってくれてありがとう。」私たちの感謝の気持ちを書いています。「どうしてこのフライパンがお気に入りですか」と質問すると，「あなたたちのプレゼントで，軽くて，いろいろな料理ができることで料理がうまくなった。」（話の山場）と答えてくれました。…（中）

　母は，これからも家族のためにおいしい栄養のある料理を作るこのフライパンを宝物して大切に使いたいと言ってくれました。私もお母さんとコミュニケーションを密にして大切にしていきます。（自分にいかす）以上で終わります。ありがとうございました。（終わり）

---

6 振り返りと学びの広がり

　本単元では，以下のような学習を行うことができました。

①ＭＹＰ国語科学習計画や評価の仕方，遠隔授業におけるＩＣＴの使い方を理解した。

②教材文の登場人物の心情を分析し共感することで，自らの親子関係を振り返ることができた。

③インタビューやスピーチをすることで，集めた材料を整理し，伝え合う内容を検討し，様々
　な受け手とのコミュニケーションに必要な多様なスキルを磨くことができた。

④家族へのインタビューを通し，親との関係性の中で，自らのアイデンティティーについて考
　える機会を得た。

　単元の最後では，これまでの学習を通してどのような学びがあったのかを，生徒自身で振り
返る活動を取り入れています。

《生徒の振り返りの話し合い例》

・コミュニケーションはとても大事だと学びました。その中で，親と会話をすることで，
　送り手である母の知らなかったことを受け手である私が知り，お互いがよりわかりあえ
　たように思います。

・「自分の親のお気に入りを紹介しよう。」の発表を通して，親とのインタビューでの情報
　と自分の思いを正確に伝えるために，内容構成や表現方法を考え，工夫して発表を行い
　ました。自分が工夫した点や私の親について正確に相互評価されて次回の活動に繋げる
　ことができます。

・教材文を学習することで，会話文を中心にして，登場人物の心情を読み取ることができ
　ました。そのため，インタビューでの会話表現を発表時に入れることにより，自身と親
　の関係をうまく表現できたと思います。

・お父さんのお気に入りは「私」ということです。お父さんは「私」の気に入っている点
　を具体的に挙げてくれ，私が気づいていない「私」の良い点を知ることができました。
　私自身「私」について新たな発見をしました。コミュニケーションを通してより良い親
　子関係を築いていこうと思っています。

　意見文の作成や振り返りの話し合いを通して，現時点での概念や探究テーマについての理解
を確認します。また，活動の中でどのような学習スキルを上達させることができたのか，自己
評価を行います。このことを通して，生徒自身が学ぶ意義を理解し，今後の学びのモチベーシ
ョンにつなげていってほしいと期待しています。

（井上　典明）

〔参考文献〕

Erickson（2012）"Concept-based teaching and learning, International Baccalaureate Organization"

IKUEI NISHI JUNIOR & SENIOR HIGH SCHOOL LANGUAGE & LITERATURE SYLABUS（育英西中学校・高等
　学校国語科シラバス），2020

国際バカロレア機構（2015）『ＭＹＰ：原則から実践へ』

4 コミュニケーションの背景にある文化
—東洋のコミュニケーションと西洋のコミュニケーション—

1 ユニットプランナー

重要概念	関連概念	グローバルな文脈
コミュニケーション	テクスト間の関連性　視点	アイデンティティーと関係性

探究テーマ
文化への理解は，コミュニケーションのあり方に影響を与える。

探究の問い
事実的問い：日本（東洋）と西洋の文化の違いはどのように語られているか。 　　　　　　我々の考え方や感じ方は，それぞれ何に大きく影響を受けているか。 概念的問い：文化の類似や相違の中で，我々はどのようにコミュニケーションを図っているか。 　　　　　　コミュニケーションの背景にある価値観は，それぞれどのように異なっているか。 議論的問い：異なる文化的背景をもつ人々は，共存していくことができるか。 　　　　　　様々な文化的背景をもつ人々が共存していくために，我々はどうあるべきか。

評価のための課題と評価規準
コミュニケーション・トラブルの分析と論述（A分析　B構成） 　提示されたトラブル課題を分析し，文化とコミュニケーションのあり方について述べる。

ATL
振り返りスキル：自明の文化を相対化し，その中で生活する自分の振る舞いについて振り返る。 整理整頓する力：二項対立的な考え方を用いて，複雑な情報を整理する。 批判的思考スキル：異文化間のコミュニケーション・トラブルの事例を通じて，文化的な差異がコミュニケーションのあり方にどう影響しているのかを分析する。

学習者像
コミュニケーションができる人：違いを受け入れ，異なる意見にも耳を傾ける。 心を開く人：自分の文化について肯定しながら，異なる文化の価値も認める。

学習指導要領との関連
「現代の国語」〔思考力，判断力，表現力等〕 【B　書くこと】(1)ア　課題レポートでは，関連する資料を集め，妥当性や信頼性を吟味しながら適切に引用する。

2 ユニットのねらい

2000年代に入り，「国際」や「異文化」といった言葉をどの方面でもよく見かけるようになりました。例えば書店の社会人向けの棚には「国際社会で活躍するために…」という言葉や「異文化理解を促す…」といった文句が並び，様々な大学においても「国際…」や「異文化…」を冠した学部が次々に新設されています。いわゆるグローバル化が進む現在の社会において，国際や異文化の問題は自明のものとなりつつあります。

そして，こうした異文化の問題は，私たちの生活の中でもよく感じられるようになりました。例えばコンビニエンスストアやスーパーマーケット，ファミリーレストランなど接客の仕事で関わる店員に，外国人の方をよく見かけるようになりました。また日本で子どもを産み育てる人も増え，友達のお父さんやお母さんが外国出身の人であるなど，子どもたちにとっても異文化の問題は肌で感じられるほど身近なものとなっています。

この単元では生徒自身の体験をもとに，「異文化とは何か」という問題を考えることを入口にして，文化とコミュニケーションの関係を考えていきます。ただし，異文化の問題を考えるためには，自分たちの文化がどのようなものであるのかも理解していなければなりません。─日本の文化はどのように論じられているのか─この問題を基本的な東西文化論を学ぶことから考えます。そして，様々な文化が混在する社会の中で，私たちは一体どのようにあるべきなのか。授業を通じて生徒たちは自分自身について振り返り，今後の異文化に対する自分たちのあり方について考えていきます。

3 学習プロセス

1次	1時	コミュニケーション・トラブルの事例を題材に，なぜそのトラブルが起きてしまったのかを考える。
	2時	生徒がそれぞれ体験した文化的問題が背景にあるトラブルを共有し，「異文化とは何か」についての理解を深める。
2次	3〜6時	日本文化はどのように論じられているのか，「水の東西」と「『間』の感覚」を読んで考える。
	7時	「東西パズル」を通じて東西文化論の理解を深める。
3次	8時	分析課題「高くついた看板代」の問題をグループで検討する。
	9時	分析課題「もうこりごりホストファミリー」の問題をグループで検討する。
	10時	課題を作成する。

4 授業の様子

　このユニットではいくつかのコミュニケーション・トラブルの事例が登場しますが，それらはすべて久米昭元・長谷川典子『ケースで学ぶ異文化コミュニケーション─誤解・失敗・すれ違い』（有斐閣選書，2007年）によっています。

(1)文化の違いがもたらしたトラブル

　授業はコミュニケーション・トラブルについて考えるところから始めました。以下に，そのあらすじを示しておきます。

アフリカのある国に村落開発普及員として派遣された青年海外協力隊員のMは現地の女性の地位向上のために活動していた。だが村の女性たちは「夫が怒る」という理由からMの活動に非協力的で，それをMは理解できなかった。そうした折，ある村から講習会開催の依頼を受けたMであったが，その打ち合わせの席で村人たちから「お茶くらい用意しないとダメだ」と注意を受けてしまう。講習会の当日も村人たちは見返りの要求ばかりをし，Mが用意していたお茶を奪い取ってきた。人間として平等であることや自助努力の大切さを伝えたかったMは我慢できなくなり，ついに「泥棒！返してよ！」と声を荒げ，お茶を奪い返して逃げるように去ってしまった。

　生徒たちはまず，この事例におけるトラブルの内容について考えました。ここで起こっている問題は何なのか。これについて考えてみると，彼らは「Mと村の女性たちのコミュニケーションがうまくいっていない」ことや「見返りについての考え方に違いがある」ことを指摘していました。つまり，Mと村人たちのコミュニケーションがうまくいっていないことや，双方の考え方の違いからトラブルが起きてしまっていることなどについては，理解することができていました。

　一方で「こんな非協力的な人たちのために働く必要はないのではないか」「お茶を奪うなんて泥棒だ」といったMに同調する声も多く聞こえてきました。しかし，日本人の目で見ると「あり得ない」とされそうな村人たちの振る舞いも，視点を変えて考えてみると，その地域の「文化」（＝当たり前）に根差したものとして捉えることができるのです。

　例えば，現在でも男性に権力が集中している国や地域では，家庭内における夫の発言力は強く，「夫が怒る」ことが妻の生活を脅かすことにつながる可能性があります。また，アフリカやイスラム諸国では「富める者は貧しい者に富を分け与える」といった価値観がよく見られ，これに当てはめて考えてみると「日本人＝豊かな国からやって来た人」というイメージのあるMに対する村人たちの行動は，正当性のあるものとしても見えてきます。

　ここから「コミュニケーション・トラブルの背景には異文化の問題があるかもしれない」という問題を提起しました。そして「文化への理解は，コミュニケーションのあり方に影響を与

える」という本ユニットの探究テーマを掲げながら見通しを示し，1時間目を終えました。

(2)異文化とは何か

　2時間目は生徒自身が体験したことのあるコミュニケーション・トラブルの事例を持ち寄り，グループごとに「異文化とは何か」について考える活動を行いました。

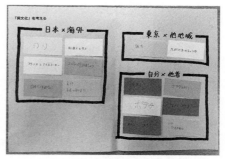

　この活動は1グループ5，6人で行いました。1人3分の持ち時間で，事前に用意していた数話のエピソードを順番に紹介していき，エピソードごとにタイトルを付箋に書いて，グループごとに一枚の紙に貼りつけながら分類していきました。最後に付箋をグルーピングしながら，どのような文化の葛藤があるのか，対立項を考えていきました。

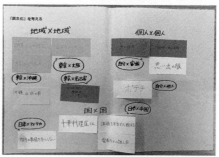

　さらに，生徒たちはこの活動の中でATLの「振り返りスキル」や学習者像の「コミュニケーションができる人」を磨きました。実際に体験したトラブルを振り返ることを通じて，その時の自分を客観的に捉えながら，自分や相手が属している文化がどのようなものなのか振り返りました。また，自分の考えと異なる意見が出たとしても，冷静に，お互い落ち着いて相手の意見に耳を傾けるよう促しました。

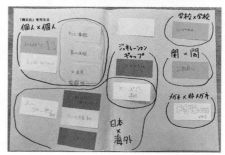

　この活動を通じて生徒たちは異文化という概念を「日本×外国」といった国際的なものだけでなく，例えば「関東×関西」など地域の問題や，「男×女」などの性差，「大人×若者」などの年代に関わる問題としても捉え，考えを広げていました。そして「異文化とは国際性の中だけにあるのではなく，部活の先輩や学校外の友人など，近しい『他者』との間にもあるのかも知れない」という気づきを得ていました。

【異文化の葛藤が背景にあると考えられるエピソード】

・韓国のホームステイ先で茶碗を持とうとしたら怒られた

・中国の知り合いが家に来た際に料理を作ってもてなしたが，少しずつ食べ残しをしていて気になった

・母は関西の出身で丸餅が好きだが，父は切り餅が好きなため，正月になると

少しもめる

・自分の家では目玉焼きに塩をかけて食べていたので，友達の家に行った時に醤油をかけて食べていたのが驚いた

・男子の集団にいる時には馬鹿ができるのに，女子の集団にいる時には少し気を遣ってしまう（男子生徒の意見）

⑶「東西パズル」

　ここで本ユニットの最後に課すことになる課題の概要を説明しました。どのような課題を課したのかについて，その詳細は後述しますが，日本人と西洋人との間に起こったコミュニケーション・トラブルの事例について分析してもらうことを伝えました。

　つまり，生徒たちはここから日本人と西洋人がコミュニケーションの中で衝突してしまう背景にどのような文化的葛藤があるのかということを考えていくことになります。この問題を理解するために，東西文化論を読んでいくことにしました。授業の中で主に扱ったのは，山崎正和「水の東西」と高階秀爾「『間』の感覚」です。この２教材は国語総合の教科書にもよく掲載されていますが，日本文化と西洋文化の特徴を水や自然，絵画，建築などの具体物を通して二項対立的に論じており，東西文化論の入門としては最適であり，ここでの教材として使用しました。

　生徒たちはこれらの教材を読み進めていくにあたって，ＡＴＬの「整理整頓する力」を磨いていくことになります。複雑な情報を二項対立的に整理することによって差異が明確となり，２つの文化の論じられ方が異なることに気がついていました。

　さらに，余力のある生徒たちは過去にセンター試験などでも出題された山本健吉「日本の庭について」や狩野敏次「住居空間の心身論──『奥』の日本文化」の文章にも取り組みました。これらも日本文化を中心にして西洋文化との違いを述べており，以上２つの文章を学習することのできた生徒たちは東西文化の論じられ方の違いについて，理解をより深めることができました。

　情報の整理を終えたのち，生徒はこれらの文化論から見出すことのできる東西の二項対立をいくつも考えました。その中には感覚的に「ホット」や「クール」といった対立項を提案する生徒もいました。そして教師がこれらのアイデアを編集し，提示したものを「東西パズル」として生徒たちは最後に並び替えました。

日本と西洋の文化の本質について考える

【東西パズル】
石の文化　感覚的　刹那　主体　全　単純　動　複雑　間接的　こまやか　派手　あいまい　永遠　外向き　固定的　柔　自然　物質的　豪快　調和　ホット　経験　静　人工　質素　直接的　流動的　繊細　はっきり　内向き　クール　個　剛　論理　木の文化　合理的　華美　精神的　雑多　地味

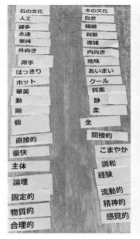

パズルは２人１組のペアで取り組みました。少人数で活動することにより，各々が責任をもってパズルに挑んでいました。生徒は今まで扱ってきた文章を辿りながら思考を巡らせて，ペアの間だけでなく他のペアとも意見を交換しながらパズルを組み替えていました。

これらの活動を通して，生徒たちは複雑な情報を整理する力を育み，日本と西洋の文化の違いがどのように論じられているのかを理解することができました。そして彼らは，こうした文化の理解をいかして日本と西洋のコミュニケーション・トラブルの事例を分析していくことになります。

一方で留意しなければならないのは，二項対立的な考え方はあくまでも複雑な情報を整理するためのツールに過ぎないということです。例えば「自然観」という問題について，日本ではあるがままの自然が愛され，西洋では人工的な自然が愛されることがよく指摘されています。しかし，アウトドア・スポーツなどの手つかずの自然の中で行われる野外活動はむしろ西洋的な文化の中で発展してきました。それに反して，日本人はいわゆる日本庭園や盆栽など手の入った自然ばかりを好む傾向にあるとも言えます。このような考えは捨てては置けません。それどころか，安易な二項対立を覆す新たな視点を与えてくれます。換言すれば，「二項対立」という考え方は道具に過ぎず，活動の中で様々な意見が出てくることを通じて生徒たちが問題の複雑さや角度によって問題の見え方が異なることに気がついていくことが重要です。

⑷評価課題のためのトラブル事例の提示とグループディスカッション

評価課題は以下の２つの事例からどちらか１つを選択し，その事例の中で起きているコミュニケーション・トラブルを文化の問題として捉え直し，論じるものとして課しました。

【事例①】 高くついた看板代

ヨーロッパにある日系企業の社長であるＳは，会社の所在が分かりにくいことから現地出身の宣伝部長に「案内看板を設置したらどうか」ともちかけた。すると宣伝部長は「社長の指示」ということで業者との契約を完了し，Ｓにそのことを事後的に報告した。話をもちかけたあとで何か相談ぐらいはあるだろうと考えていたＳは，契約書に書かれた莫大な料金を見て途方にくれてしまった。

【事例②】 もうこりごりホストファミリー

三人家族の一家は，母親であるＭのたっての希望でホストファミリーに応募し，東欧のＩという女性の大学院生を受け入れた。ところが，Ｉの行動をめぐって様々な問題が噴出することになった。例えばＩの歓迎パーティの席でＭはたくさんの日本食を用意したが，Ｉは「口に合わない」とはっきり伝え，それが原因でＭの大学生の娘と喧嘩になってしまった。その後もＩの部屋の掃除や帰宅の連絡をめぐってトラブルが生じた。そしてある日，娘とＩが大喧嘩をしてしまった。娘によるとＩが毎朝シャワーを独占するので，困っていたというのだ。Ｉは「なぜそれを伝えないのか？」と反省のそぶりもない。それに対して娘は「顔見たら分かるだろう」と怒りをぶちまけてしまった。こうしたことからＩは一人暮らしをすることを決め，Ｍ一家のもとを去ることになってしまった。

授業ではこれら２つの事例について，全員がグループごとにそれぞれディスカッションを行いました。そして話し合いの際には，ここまで学んできた日本と西洋の文化的違いをふまえながら，概念的問いとして設定されていた「コミュニケーションの背景にある価値観は，それぞれどのように異なっているか」という問題を軸にして考えるよう促しました。

多くのグループが「水の東西」と「『間』の感覚」で論じられていた文化的特徴をふまえて

議論することができていました。「水の東西」には「見えない水と，目に見える水」の言及がありますが，そこに表れている間接性と直接性の違いから，日本と西洋ではそれぞれ情報の伝え方や受け取り方に間接・直接の差が生じるのではないかと論じ合っていました。また【事例②】の中のIが部屋の掃除や帰宅の連絡に拒否反応を示したことについて，「『間』の感覚」の中で論じられていた「壁という強固な物理的遮蔽物によって内部と外部を明確に区分する西欧建築」的な性質をもつIが，「中間領域を媒介として内部は自然に外部へつながっている」日本的なパーソナルスペースのあり方を受け入れられなかったのかも知れない，と考えるグループもありました。

　これらのディスカッションをふまえて，生徒たちは各自レポートの執筆をしていくことになります。今回分析する事例を2つ用意したことによって，それぞれ分析のしやすさに差が生じました。生徒たちにとってはやはり身近な問題ということもあって，【事例①】よりも【事例②】の方が取り組みやすいようでした。一方で【事例①】における異文化間のトラブルは，彼らが大人になり，働く場面で出てくる可能性もあります。「人生の予行練習」と言うと大げさですが，可能であればチャレンジしてみようと促しました。

5　成果物とその評価

　課題レポートは，これまでの学習をふまえて，東西のコミュニケーション・トラブルを文化的側面から捉え直し，議論的問いである「様々な文化的背景をもつ人々が共存していくために，我々はどうあるべきか」という問題をどのように考えるか，と課しました。

　生徒たちは課題に取り組むにあたって，まず事例の中で起こっているトラブルの問題点を浮かび上がらせ，そのトラブルにどのような文化の葛藤があるのかを論じていくことになります。そして，この文化的葛藤を考察するのに，授業の中で扱った「東西パズル」のキーワードや，先のディスカッションがいきてきます。さらに，レポートを執筆するにあたっては，授業内で扱った資料以外も引用し，参考とするように促しました。授業で学んだことと授業外の情報をつなげて，より考えを広げていってほしいというねらいがそこにはありました。

《分析例：【事例②】もうこりごりホストファミリー》

　文化とはコミュニケーションの集大成である（鍋倉，1997）。それゆえに異文化間でコミュニケーションの衝突が起こる。では，彼らの問題はどこにあったのだろうか。Mさん一家は「我慢して食べるものなのよ！」と言うなどIさんに「本音と建前」を求めていた。直接表現に高い価値を置くIさんははっきりと口にしたが，日本人のMさんにとってはむしろ曖昧な表現が好ましかったのである。つまりMさん一家が持つような，関係性の曖昧で微妙な部分を感じ取って見定める感覚——"「間」の感覚"をIさんが共有できなかったことがトラブルの背景にはあったのだ。

　このような背景には文化の違いが根本にある。「『間』の感覚」では，西洋人が内と外との境界を物理的に表す一方で，日本人は内面的に外と内の境界を明確に意識していると指摘する。先述した日本

特有の "「間」の感覚" を共通の理解としているのである。『水の東西』でも，空間に静止した姿を味わう噴水と音の間隙に流れるものを「心」で味わう鹿威しの例から，日本人は目に見えない微妙な空気感を感じる感性を持っていることが窺われる。これをドルヌ，小林（2005）は「言葉にできない気持ちを曖昧な言語行為を通じて分かちあう世界」と表現している。メイヤー（2015）の論じたハイコンテクストとローコンテクストの違いから考えると，前者では集団主義や画一性が発達し，後者では個人主義や多様性が発達すると考えられる（鍋倉，1997）。コミュニケーションの集大成が文化ならば，日本の極めて強い画一性にも納得できる。「空気を読む」ことの根底には相互依存の気持ちが存在している。

　それでは我々は異文化に対してどうあるべきだろうか。Ｍさんらが我々に教えてくれるのは，表面的に考えることの愚かさだ。Ｍさんははっきり述べるＩさんを失礼に感じていた。だがＩさんからすれば日本語は不透明で失礼な言語に見えたかもしれない。日本では異文化に触れる機会が少なく「得体の知れないもの」に感じやすい。しかし，いかなる行動様式にも一つ一つに理由がある。大切なのは「どのような言動をするか」ということではなく，「なぜそのような言動をするのか」を考えることだ。それぞれの文化には相手を思いやる気持ちがある。ただその表現方法が違うだけなのだ。なぜそのような表現になるのか，その根本的な理由を考えることができれば，我々は異文化の人々を身近に感じることができるのかもしれない。（Ｉ・Ｋ）

6　振り返りと学びの広がり

　さらに，この生徒は次のように授業を振り返ります。

　課題について文献を調べていく中で，「文化とはコミュニケーションの集大成だ」という一文を見つけた。それまで私はコミュニケーションというのは一つのツールに過ぎず，文化という大きな箱にある一要素として捉えていた。しかしよく考えてみると，文化をつくり上げてきた先人たちは様々な方法で表現しているものの，共通してコミュニケーションを行っている。文化はコミュニケーションなくては成り立たず，コミュニケーションが文化を形づくっているのだということを学んだ。そう思うと，異文化への理解というのは異なる人々とのコミュニケーションへの理解であり，文化とコミュニケーションには深い関係性があるのだろう。また「隣の人も異文化」というくらい「異」つまり違いにフォーカスされることが多いが，根本をたどっていくと異なるコミュニケーションのスタイルであっても，共通した意図というものがあることについても考えさせられた。表面的だから「違い」に目を向けるのは簡単である。しかし例えば，時間より早く家を訪れるのも時間通り，あるいは遅れて訪れるのも根本には相手に失礼のないようにという思いがある。そういった理由に目を向けると共通点が見えてくるということに気づいた。（Ｉ・Ｋ）

　コミュニケーションと聞くと「人と人とのやりとり」という単純なイメージが浮かんできます。ですがこの生徒が引用しているように，これらのコミュニケーションの積み重ねによって文化は生まれるのです。こうした概念理解の深まりを通じて，言語や文学といったコミュニケーションがどのように文化を形成していくのか，生徒たちは考えを広げていってくれるものと期待します。

（影山　諒）

コラム④ メディア・リテラシーの基本原則

　MYP「言語と文学」では，「言語を社会的な相互作用の手段として利用する」ことが重視されています[注1]。そのため，活字や本以外の多様なメディア，映画やテレビ，ポスター，デジタルメディアなどを「非文学テクスト」として教材に位置づけています。そして，それぞれのメディアの「伝達様式（モード）を通して言語を探究」し，「文化を探究し，分析する」学習活動に取り組みます。これまで日本の国語科教育でメディア・リテラシーとして扱われてきた領域です。

　メディア・リテラシーは，1985年にメディア・スタディーズという学問を学校教育に取り入れたレン・マスターマンの研究から発展していきました。1986年にはカナダ・オンタリオ州が世界で初めて中高の母語教育にメディア・リテラシーを導入し，英語圏のカリキュラムで広がっていきました[注2]。

　日本でも，マスターマンの「メディア・リテラシーの18の基本原則」[注3]が紹介され，鈴木らが「基本概念」として次の8項目をまとめました[注4]。

　①メディアはすべて構成されている。

　②メディアは「現実」を構成する。

　③オーディエンスがメディアを解釈し，意味をつくりだす。

　④メディアは商業的意味をもつ。

　⑤メディアはものの考え方（イデオロギー）や価値観を伝えている。

　⑥メディアは社会的，政治的意味をもつ。

　⑦メディアは独自の様式，芸術性，技法，きまり／約束事（convention）をもつ。

　⑧クリティカルにメディアを読むことは，創造性を高め，多様な形態でコミュニケーションをつくりだすことへとつながる。

　これらの項目は，時代を越えて，どんなメディアにもあてはめることができる普遍的な原則です。これらの項目をヒントに授業を構想し，探究テーマに取り入れていくとよいでしょう。

（中村　純子）

注1　国際バカロレア機構（2015）「ねらい」『MYP：「言語と文学」指導の手引き』p.8
注2　Wilson. C，Duncan. B（2009）'Implementing Mandates in Media Education: The Ontario Experience' "Mapping Media Education Policies in the World" United Nations Alliance of Civilizations　UNESCO pp.127-140
注3　マスターマン著　宮崎寿子訳（2010）『メディアを教える―クリティカルなアプローチへ』世界思想社
注4　鈴木みどり編（2013）『最新 Study Guide メディア・リテラシー入門編』リベルタ出版

第 5 章

様々な
重要概念で
深める学び

　「システム」とは，お互いに影響し合う要素で構成されているまとまりや仕組みのことです。組織や制度，体制，系統，方式といった言葉にあたります。

　「時間，場所，空間」は本質的につながっているものです。人々の考え方や価値観は，その人のいる時間と場所と空間に大きく影響されます。テクストを通してその価値観の違いや，また，「時間，場所，空間」を越えた普遍性について探究します。

　「形式」とは，ものの形やものごとのやり方の型のことです。作品の基本構造や本質を探究する時に扱う概念です。

　「関係性」とは，「性質，物，人，考えの間にある結びつきや関連性」です。小規模の「関係性」だけでなく，人と社会との結びつき，地球の生態系など，大きな「関係性」も想定されています。

（『MYP：原則から実践へ』より）

1 身の回りのシステムに気づく
―国語と技術の共通点・相違点発見による概念理解―

1 ユニットプランナー

重要概念	関連概念	グローバルな文脈
システム	ジャンル　自己表現	個人的表現と文化的表現
探究テーマ		
システムは自己表現に影響を与え，さまざまな解釈を可能にする。		
探究の問い		

事実的問い：自由詩と短歌の違いは何か。

　　　　　　短歌はどのような歴史的変遷で形式（システム）が決まったか。

概念的問い：自己表現はシステムによりどのように影響されるだろうか。

　　　　　　システムが解釈に与える影響は何か。

議論的問い：国語と技術におけるシステムの共通点や相違点は何か。

　　　　　　自由詩と短歌における自己表現の違いは何か。

評価のための課題と評価規準

短歌，詩の創作（Ｃ創作）　概念的問いに対する小論文（Ａ分析　Ｂ構成）

　短歌と詩の書き換えに取り組み，「自己表現におけるシステムの影響」について論述する。

ＡＴＬ

コミュニケーションスキル：議論を通して，自分の意見を伝え他者の意見を聞き，意見を再構築する。

転移スキル：なじみのない状況においてスキルや知識を活用する。多数の教科や学問分野を横断して

　　　　　　概念的理解を比較する。

学習者像

探究する人：システムが自己表現に与える影響について，一人で学んだり，他の人と学んだりして，

　　　　　　可能性の広がりを探究する。

学習指導要領との関連

〔知識及び技能〕(1)オ　自由詩や短歌の表現技法を理解し，分析し，特徴と相違点を述べることができ

る。

〔思考力，判断力，表現力等〕【Ｂ　書くこと】(1)ア　テーマを設定して語彙を広げ，その語彙を吟味

　　　し選択して，自由詩や短歌で伝えたいことを表現することができる。

2 ユニットのねらい

　本ユニットは，中学校1年生の韻文の授業として設定しました。韻文を教えるにあたり，自由詩と短歌という形式（＝システム）が異なるものの場合に，そのシステムの中で思いを言葉でどう表現するのか，心情を凝縮させた言葉をどうシステムに乗せるのかという体験を与えたいと思いました。

　ちょうどその頃，同学年を教える技術科の同僚と話をする中で，技術ではラック作りをシステムという同じ概念で行う予定であることを聞きました。ラックという物作りを通して，「計画と見通し，実行，振り返り，評価」のプロセス（＝システム）を体験させるということです。そこで，国語と技術が概念「システム」でコラボレーションの授業を行い，生徒は教科を横断した学びと体験から，概念理解を多面的に深めるきっかけにすることができると考えました。

　ⅠＢプログラムでは，「美しさ」「つながり」「形式」「ものの見方」のような16個の概念が定められ，授業では概念を定めてから授業作りを行うことが求められています。まず概念を定めることから始まるのは，教科の学習を超えて概念という大きな視点から物事をとらえる視野をもつことができると考えられているからです。

　生徒は，同じ概念で同時期にこのコラボレーション授業を体験することになります。国語と技術の授業でシステムをとらえ体現することから，相違点や共通点を見つけ出させたいと思いました。国語と技術のつながりを見出し，教科という枠を超えてシステムを実感させることをねらい，コラボレーション授業として本ユニットを行うことにしました。

3 学習プロセス

1次	1時	牟礼慶子『見えないだけ』　自由詩を言葉や表現技法をとらえて分析する。
	2時	短歌の特徴をとらえる。前時に分析した詩のテーマやキーワードから，短歌を作る。
	3時	思春期の葛藤が詠まれている石川啄木の短歌三首を分析する。
	4時	石川啄木の生涯や，短歌三首に相関する主題をとらえ，自由詩を作る。
2次	5時	奈良時代に誕生し現代に及ぶ短歌の歴史の変遷をとらえる。
3次	6時	秋をテーマにした短詩文学から秋のイメージを広げる。イメージマップを作る。
	7時	秋をテーマにした短歌を作る。ペアの短歌からイメージを広げて自由詩を作る。
4次	8時	交流会をする。「自己表現はシステムにより影響されるだろうか」を考察する。
	9時	「創造の源は何か」について考察する。
	10時	「自己表現はシステムによりどのように影響されるだろうか」について小論文を書く。
5次	11時	「システムは，人の作り出すものにどのような影響を与えるだろうか」についてポスターを作る。

4 授業の様子

(1)自由詩から短歌へ，短歌から自由詩へ

　第1次では韻文が形式（＝システム）で成立することの理解に取り組みました。またシステムが異なる自由詩と短歌が自己表現へどう影響するかを考察するため，相互に入れ替え（変換）させる試みを行いました。この変換作業は「事実的問い：自由詩と短歌の違いは何か」，また「議論的問い：自由詩と短歌における自己表現の違いは何か」を考察するステップです。同時に第3次に設定した「私の短歌が自由詩へ生まれ変わる」活動の下準備でもあります。

　まず，自由詩から短歌への変換です。生徒にとってイメージしやすい，未来への希望がうたわれている自由詩『見えないだけ』（牟礼慶子）を取り上げました。生徒は詩の中の希望をもつ言葉に着目し，短歌の形式に作り直しました。下の三首は見事に短歌へ生まれ変わった代表例です。

　　　「胸の奥そこにあるのは何だろうそれはまだ気づけないだけ」

　　　「海嵐船転覆の風の中青い空だけやっぱ最高」

　　　「あなたにはまだ見えない青い空美しい季節優しい世界」

　次に逆の作り替えの試みとして，石川啄木の短歌「不来方のお城の草に寝ころびて空に吸はれし十五の心」を自由詩に変換させました。生徒の年齢にも近く心情が汲み取りやすいと考えて取り上げたものです。思いが凝縮された言葉に着目させ行間を広げさせた結果，以下のような自立心旺盛な15歳の心情を汲み取った自由詩が一例として上がってきました。

```
現実逃避

僕は今は知っている
現実逃避をするために
窓から抜け出し
ただいま疾走中

僕は今寝ころがっている
現実逃避をするために
空を見上げ　雲をうやまい
ただいまリフレッシュ

僕は今夢を見ている
現実逃避をするために
```

⑵私の短歌が自由詩として生まれ変わる

　第1次にて文学作品を題材として変換作業に慣れさせたあと，第3次では友人の作った短歌を自由詩に作り直す活動をしました。これは目の前に表現するものと受け取るものを対峙させ，韻文のシステムが「詠み手の言葉選び」と「受け手の解釈」にどう影響するか考察するためです。まず，4，5人のグループで秋のイメージマップ作りを行い，そこからそれぞれ秋の短歌を作りました。次に二人組にし，お互いに相手が作った短歌の行間を読み取り自由詩に作り直しました。「詠み手」として言葉を吟味し，選び，形式にあてはめることで，システムにのっとっていることを体験する活動です。つまり「概念的問い：自己表現はシステムによりどのように影響されるだろうか」の探究となります。また「受け手」として短歌の解釈が広がりのあるものであることを体感する，つまり「システムが解釈に与える影響は何か」の探究深化ともなります。授業ではお互いがそれぞれの短歌と自由詩がどのような意図で作られたのかを共有し，感想を述べ合いました。以下に生徒作品の例を示します。

Aの短歌	Bの短歌
香る秋　紅葉色づき　色踊る 静かに近づく　秋の香り	荒れ果てた　畑を見つめ　かみしめる 今年の初冬も　さむくなりつつ
Bが創作したAの短歌の自由詩	Aが創作したBの短歌の自由詩
いちょうの葉が，もっと黄色い世界へとそまる もみじの葉が，さらに紅色の世界へと変わる そして彼らが踊るとき微妙な美しさを感じる気持ち さびしいと思う人の気持ちで， 冬の香りを表し始める ああ，また いつの間にか，冬になる	初冬 静かな田畑に立ちすくみ 荒れ果てた荒野を見つめてる 哀愁漂う大地に吹く 冷たい風をかみしめる あぁまた冬が来てしまう あぁまた今年も不作だな 静かな田畑を歩きだす どこまでいっても荒野だけ 悲しいおもいを抱え 冬の寒さをかみしめる あぁまた冬が来てしまう あぁまた冬が来てしまう あぁまた次も不作かな
Aの感想	Bの感想
自分が作った短歌とそこからできた自由詩を比べてみると，同じ感じ方をしている部分も違う感じ方をしている部分もあって，相手はこう感じていたんだな，と興味深く感じました。	このように他のとらえ方をしたペアが作った自由詩を読んではじめにこだわるところがちがうなと思い，面白いなと思いました。57577だけで思いを表すのが，たくさん想像を広げられるので短歌のよさがわかりました。

　クラス全体の振り返りでは「短歌は五七五七七という制約があるからこそ，相手の心の中で想像が大きく広がっていく」「自分が意図した短歌とは意味が違った自由詩だったけど，違っ

た意味ですばらしい自由詩でうれしかった」とシステムが与えた影響を述べていました。この活動を通して思いを乗せ言葉を凝縮させた短歌が読み手の中で新たな物語として広がっていくのを体得し，システムによる影響を確かに味わうことができていました。

(3)国語「自由詩と短歌の往還」と技術「ラック作り」における概念「システム」の比較

第4次8時間目の授業の時間割は，技術の授業のすぐあとでした。技術では「ラック作り」を行い，一枚の板からの「構造」と制作の「プロセス」について探究し，「システム」について考察を深めていました。国語では韻文におけるシステムの影響を体感しながら概念理解を深化させてきました。この時間は，生徒がこれまでの授業で学び取ったことをアウトプットする時間として，「議論的問い：国語と技術におけるシステムの共通点や相違点は何か」を考察しグループ協議をしてからクラスで発表をすることにしました。

まず，個人で考察してきたことをワークシートに記述します。それから，4，5人のグループになり，意見を共有し合いグループで協議し合ってからポスターを作り，クラスで発表をします。

次の表は6つのグループが発表で使ったポスターの記述です。

自己表現はシステムにどう影響されるか？ ○自己表現とシステムが合わさることで自己表現がしやすくなる ○システム→５７５７７に限られる→自分の表現したいことが上手く伝えられない ○日常生活の中で特に自分のことを表現するときしばられない→影響されてない ○システム→短歌の文字表現→限られた文字の中で自分の思いを表現しなければいけない→自分のことをあまり上手く表現できない	自分が感じたことを書く。自由詩や短歌も「国語のシステム」にそって，書くことができると思う。 システム＝構成で，自己表現に取り入れることによって，新たな詩や短歌の見方ができる。 技術はラック，国語は詩の流れだと思う。 システムは自己表現を可能にしている。 自由詩にもシステムがある。	○自己表現があるからこそ作りたいと思い，作るにはシステムが必要。（自己表現の中にシステム） ○自分が思うことを技法を使って個性あふれる表現ができる。（システムの中に自己表現） ○文字の制限の中で自己表現することができるということがシステム。（システムの中に自己表現） ○詩に表現するのが自己表現で，その工程がシステム。（自己表現の中にシステム）
言葉 ↓ 感情 ↓ 自己表現とシステム ↓ 技法 ①技法＝システム ②技法＋詩＝システム	○言葉選び・技法を使う＝システム！ ○表現になるまで＝システム！ ○自分の思ったことを相手に伝える＝システム！	システムから影響 ・マナーやルールにのっとって表現させるのを読者・作者に意識させる ・技法，言葉づかいを意識させ分かりやすくする ・短歌・自由詩のような決まった中でも工夫し表現の言葉づかいや深さが変わる

生徒はこの活動の取り組みからATLスキル「コミュニケーションスキル」を活用します。そして，今までの活動によって育成されてきた概念理解が，グループで協議することによって

再構成され，発表をすることでアウトプットすることによって，より明確になるのです。

　共通点をよく表したものとして以下のような発表がありました。

　「技術で作るラックは使いやすさを考えて自分でデザインします。大きな木をデザインに合わせて切り取って使いやすいようにラックの形に組み立てていきます。国語で作る自由詩や短歌では自分が表現したいことを表す型として自由詩や短歌を作ります。ラックの大きな木は，ここではたくさんの言葉や感情です。たくさんの言葉から，表現したいことを削ぎ取って，選んで詩の形に表します。ラックの木の飾りは，自由詩や短歌では，表現技法ということです。」

　このグループは「自由詩や短歌」を表現する抽象的な言葉を「ラック作り」で使う具体物の大きな板と見立てています。思いを表現するために言葉を吟味し凝縮させる過程をラックの大きな板をデザインに合わせて切り取り，ラックとして完成させるプロセスに重ねています。韻文の表現技法を完成したラックの彫刻の飾りと同じであるととらえています。

　最初の授業でこの単元は概念「システム」による技術とのコラボレーションの授業であり，「韻文の変換」と「ラック作り」で共通点や相違点を見出してほしいと伝えてありました。すべての生徒がそれは不可能だと言い，怪訝そうな表情でした。しかし，さまざまな活動で概念理解を深化させてきた結果，生徒の中で国語と技術がシステムという観点からつながり，具体的な共通点を見出すまで抽象的な観念が育成されていることが見てとれます。

5　成果物とその評価

　以上のような学習活動を経て，掴み取った概念理解を可視化するため，総括的評価である小論文に取り組みました。「概念的問い：自己表現はシステムによりどのように影響されるだろうか」をテーマに定期試験で400〜600字で記述させました。評価は「分析」「構成」「創作」の三観点です。左側は，ＭＹＰが示した文面で，右側がこの単元に合わせて教師が作成したものです。

この課題で何を評価するか	この課題でどのようなことがよくできるか
規準Ａ　分析iii 例，説明，用語を用いて，意見や考えの理由を述べる。	・概念「システム」についての自分の解釈を適切な言葉を使って説明すること。
規準Ｂ　構成ii 意見や考えを，論理的な方法で整理する。	・根拠をもって論理的に表現されていること。
規準Ｃ　創作i 創造的プロセスへの個人的な関わりから生ずる新しいものの見方や考え方を探究しながら，考えや想像を表すテクストを創作する。	・概念「システム」について，クラスやグループで意見を共有し討論したあと，自分の意見がより良い意見として再構築されていること。

　次の小論文は，システムのもつ意義をとらえ，探究テーマを深めている例です。

自己表現はシステムを通すことによって他者に伝わりやすくなると私は考える。つまりシステムは自分が伝えたいことを相手に伝えるツールとなるということだ。
　　そもそもシステムとは何だろう。ピアノを例にして考える。ピアノは，羊の毛や木，鉄，ペダルなどたくさんのものが組み合わされてできている。そして指で鍵盤を押せば，音が出るというシステムになっている。私たちは，ピアノというシステムを使って，悲しい，うれしい，楽しいなどの様々な感情や思い，自分の頭の中にあるものを形にして，他者に伝えることができる。
　　自己表現だけでは，自分が他者に伝えたいことを伝えることができない。しかしシステムを通すことによって，自分の頭の中にあるものを形にし，そしてアウトプットをして他者に伝えることができる。一見，自己表現とシステムは全くつながりのないように見えるが，本当は密接に関係していて，自己表現にとってシステムは，なくてはならないものだと私は考える。

　　こちらの生徒はピアノを例にあげて，音を出すシステムと演奏者の自己表現が，聴衆の感情と密接に結びつくと表現し，システムに影響を受けて，解釈が広がっていくことを述べています。

　　次はシステムの言語活動への影響を掴み取った例です。

　　私はまず自分にとってのシステムとは何かを述べようと思う。私にとってのシステムとは国語で言えば字数である。何かの枠のようなものだと私は考えている。これをふまえた私の考えは自己表現はシステムによって制限され，きゅうくつに感じることもあるがシステムにより，自己表現は磨きあげられるというものである。このような意見になったのは次の体験からだ。
　　私は小学生の時，日記をつけていた。日記をつけていると次から次へと言葉がでてきて一晩でノートの四分の一を埋めつくすほどだった。しかし，そのせいで寝不足になっていた。そんな時，何の気なしで読んだ新聞にのっていた和歌。それに圧倒された。私はその歌を読んだ時に言葉が生きていると感じた。まるで言葉の一つ一つがここに入れる言葉は自分しかいないと言っているようであった。
　　この時に，文字数の制限が自己表現を磨くと感じ，その意見をもっていたが，国語の授業中反対の意見がでた。システムは自己表現を制限する。最初は反対したが，その理由というものが，字数を制限されると何かを切り捨てる必要があるというものだった。私も原稿用紙による文字数の制限できゅうくつに感じたことがあったため，とても納得した。
　　このようなプロセスを経て，私は自己表現はシステムによって制限され，きゅうくつに感じられることもあるがシステムにより自己表現は磨きあげられると考えた。

　　この生徒は文字制限があるからこそ言葉が磨かれるのだとシステムの影響を掴んでいます。グループの協議の中で他者の意見も受け入れながら改めて自身の実感を再確認し明確化しています。

　　最後の例は自己表現とシステムの関係性を考察しているものです。

　　自己表現はシステムにより広がりを見せるのと同時に，限定的になることもあると私は考える。
　　五七五七七の方にはめてゆく短歌もシステムだと思うが，私の一番身近にあるシステムにより自己表現が影響されるものは，ボーカロイドだ。ボーカロイドというものは近年開発された音声合成技術のことだ。人が自分の表現したい音をボーカロイドというシステムに入力すると，打ち込んだ通りの音程，言葉，歌を機械音で奏でてくれる。人間が歌を歌う場合，息継ぎをしたり出せる高低音にも限界があるが，ボーカロイドに“限界”はない。そのためどんな早口の曲や高低音の曲も完璧に歌いあげる。そのため自分の表現したいものを自由に創れるので自己表現の幅が広がったと思う。だがそれと同時にボーカロイドは機械音なので人間のように感情を込め歌うことができない。それによって逆に表現が限定的になることもあるのだ。またボーカロイドというシステムは，たとえ歌が上手でなくともルックスがどうであろうと，音楽で表現したい，という思いがあれば誰でも同じ条件の下，自由に作品を創ることができ，表現が広がる。
　　このようにシステムによって自己表現は広がりを見せ，それと同時に限定的になることもあると言える。システムという概念の下でいかに，自分のやりたい事や作りたいものを表現する事ができるか考える事は，とても興味深いことだと，今回気づくことができた。

　　この生徒はボーカロイドを例にあげ，人間の限界の音域や言葉の速さをシステムが超える可

能性と，機械音であるため人間のように感情を歌に乗せることができないシステムの限界をとらえています。

6 振り返りと学びの広がり

　授業のしめくくりとして国語と技術で学んだことを通して，実社会にあるシステムについて考察を深めるべくポスターを制作しました。下に一例を掲げます。この生徒は，「システム」を「可視化・再現性・規則性・便利・秩序・創造性・価値・多様性」の8つの観点で区分し，それぞれの観点から考察を試みています。「可視化」の例としてビオトープを，「便利」の例としてPay-Payをあげ，実社会の例に応用して思考しているのが見て取れます。またシステムの辞書的な意味と比較しながら，「（システムとは）価値観を変えるものである」と自らの言葉で定義づけを行うところまで到達しました。

　もともと国語としての韻文を概念「システム」を通して理解させるところが，他の教科とのコラボレーションを行うことにより国語や技術という教科の枠を超えて，生徒が概念理解を獲得したことが分かります。教科同士が概念によってつながり「身の回りのシステムに気づく」ことが体感できたのではないかと思います。

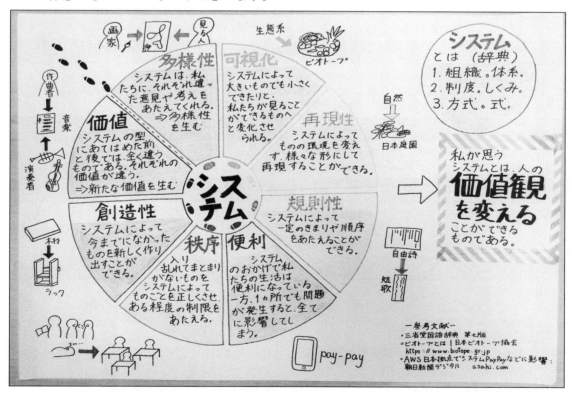

（浅井　悦代）

2 時を超えた共感と共鳴
―『平家物語』を通して「見ぬ世の人」と対話しよう―

1 ユニットプランナー

重要概念	関連概念	グローバルな文脈
時間，場所，空間	テーマ　登場人物　スタイル	アイデンティティーと関係性

探究テーマ
時間，場所，空間を超えた見ぬ世の人との対話は私たちの人生観や価値観を広げることができる。

探究の問い
事実的問い：歴史上の人物たちの生きた社会はどのような社会だっただろうか。 　　　　　　その時代特有の価値観や人々の死生観はどのような言葉で語られるだろうか。 概念的問い：物語の生まれた時代や社会は人間の価値観にどのように作用するだろうか。 　　　　　　時間や空間を超えた共感が生まれるのはなぜだろうか。 議論的問い：私たちは時間や空間を超えて見ぬ世の人々と対話できるだろうか。 　　　　　　人生観に影響を与える出会いとはどのようなものだろうか。

評価のための課題と評価規準
「一人称で語る敦盛の最期」（B構成　C創作） 　『平家物語』「敦盛の最期」の登場人物，平敦盛・熊谷直実のどちらかを選び，その人物を語り手として物語をリライトする。また，グループごとに朗読して発表する。

ATL
コミュニケーションスキル：物語を共同で創作するために他者と解釈を議論する。 創造的思考スキル：既存の作品やアイデアに新しい価値を与える。

学習者像
探究する人：時間・空間を超えて古典作品の中の「見ぬ世の人」との対話を探究心をもって楽しむ姿勢をもつ。 心を開く人：異文化や他者の価値観を理解し，尊重する。

学習指導要領との関連
〔知識及び技能〕 (3)イ　辞書や文献を調べながら，現代語訳を手がかりとして「敦盛の最期」の内容を理解し，登場人物の関係や心情をつかむ。 〔思考力，判断力，表現力等〕 【B　書くこと】(1)ア　敦盛や直実を語り手として物語を再構成して創作し，当時の人々の心情を表現するための言葉を精査する。 【C　読むこと】(1)ア　敦盛や直実の設定や言動に見られる彼らの関係や価値観を捉える。 　　　　　　　　(1)オ　時間や空間を超えて人々が共感・共鳴するものの見方・考え方を捉える。

2 ユニットのねらい

『平家物語』は中世の軍記物語の象徴的な存在であり，多くの中学生・高校生は「祇園精舎」をはじめとして「敦盛の最期」「木曾の最期」などの章段を必ず学習します。物語の特徴は「無常観」という語で象徴されることが多く，教科書に掲載されている『平家物語』の章段では，どうしても戦乱の様子に焦点が当てられがちです。しかし戦乱の中で命を落とした武将たちの個々の人生観に焦点を当て，彼らがどのように生き，どのような人生を送っていたのかを知り，考えることで，私たちは時空を超えた世界——「見ぬ世」——に生きていた彼らと対話することができるのではないでしょうか。

同じ時代に生きていても，国や地域が違えばものの見方や価値観も違ってきます。一方で同じ時代に生きているからこそ共感・共有できる点もあります。さらに言えば，時代や空間が違っても同じ人間として心から共感することもあります。

本単元では，「敦盛の最期」を読み，その読解をいかして一人称で物語をリライトしてみることを通じて，時代や空間を超えて「見ぬ世」の人と対話し，会ったことがない（これからも現実に会うことはない）人々と心を通わせる体験をしてほしいと考えました。またその体験を通して，自分たちの価値観や人生観に，時間や空間・場所がいかに影響を与えているかを考えるとともに，自分とは異なる他者の価値観や人生観，アイデンティティーを尊重する態度を身につけられるのではないかと想定しました。

具体的に生徒は以下のようなことを理解することを目指しました。このねらいは単元の最初に生徒と共有しています。

①中世の動乱期の時代背景と物語内の価値観の関連を読み取り，社会的環境が物語を生み出すプロセスを理解する。

②動乱期に生きた人々の死生観や価値観を読み取り，現代に生きる自分たちの価値観や人生観を広げる。

③人の死や命がどのような言葉によって表現されているのかを捉え，現代に生きる自分たちの人生観・死生観を語る言葉を見つける。

3 学習プロセス

1次	1時	古典作品をなぜ学ぶのかの理解 ・これまでの古典作品についての学習の振り返り
	2時	『平家物語』について知る。 ・時代背景や社会背景について調べる。 『平家物語』「敦盛の最期」を探究する。

		・調べたことに基づいて探究するためのキーワードを見つける。
		・作品を深く読み解くための疑問点をあげる。
2次	3〜4時	「敦盛の最期」を読み解く。
		・音読してリズムや語句の読み方を知る。
		・時代背景や社会的背景，登場人物について調べ，整理した情報に基づいて，本文を読解する。
		(例) 源平の争乱の時代・社会はどのような時代・社会であったか／当時の武士の価値観とはどのようなものであったか／何が優先されたのか／死や生に関する考え方はどのようであったか。
		→ 「敦盛の最期」の文章にはそれがどのように語られているか。
3次	5〜6時	一人称で語る「敦盛の最期」をグループで創作する。
		形成的評価
		・グループ作業中のフィードバック（口頭コメント）
		・「学びの確認シート」（振り返り記入用ワークシート）の記述確認とフィードバック（記述コメント）
	9時	創作した〈一人称で語る「敦盛の最期」〉をクラス内で朗読発表する。
		総括的評価
		・創作物および朗読
		振り返り
		・発表についての相互評価シートへの記入
		・個人での振り返りの記入

4 授業の様子

(1)第1次　古典の世界のドアを開けよう

　古典に取り組もうと生徒に伝えた時に，半分くらいの生徒が古典を「苦手だ」と感じていることが分かりました。最初から苦手だと思っていると，その世界のドアを開いて中に入ることがなかなかできません。未知のなんだかよく分からないものを，分からないまま受け止めることは誰でも不安なものです。ですから第1次では，なるべく既習事項や調べれば分かるような事項をいかしながら『平家物語』の背景となっている時代や登場人物などについてイメージをもつことを重要視しました。

　「祇園精舎」の段も第1次で音読し，その意味を学習しました。歴史の授業で「無常観」という言葉を学んではいましたが，辞書的な意味は知っていても，それが人の生死とどのように結びつくのかという点についての理解はなかなか難しく，世は無常であるという考え方がどのような背景によって生じてきたのかという点について再度確認する必要がありました。また，当時の人々の考え方と現代の自分たちの感覚とは「全く別物」という先入観もありましたので，同じ人間であるということを実感するまでには少し時間がかかりました。

(2)第2次　武将のキャラクターに迫る

　第2次は2時間をかけて，「敦盛の最期」を読解する活動を行いました。生徒たちは，教科書の本文に沿って，自分たちで資料を用いて調べながら，それぞれの人物がどんな背景を背負

っているのか，どんなキャラクターであるのか，それは本文のどんな描写から分かるのかを考えました。

　生徒が作業を進める中で関心を抱いた点は様々でしたが，それぞれの登場人物について以下のような解釈や感想が見られました。

〈敦盛〉
・笛の名手。戦場にも笛を持参していた。笛（小枝）は，敦盛の祖父（忠盛），父（経盛）と代々受け継がれたものであり，いわば敦盛の平家としてのプライドを象徴するものだったのではないか。
・生年十七（現代で言えば満十六歳）で，<u>死を覚悟できたのはすごい。自分たちとは違う。</u>
〈直実〉
・もともと平家方の武将だったと知った。それが敦盛への温情につながっているのではないか。
・武功心も強いが，最後に自分の息子のことを思い出している。<u>父親としての面が見える。息子と同じ年の少年を殺さなければならないというのがつらい。</u>

　下線部からは登場人物について解釈することを通して，時間や空間を超えて「共感」したり「自分たちと比べて〜だ」と思えたりする点が見つかっているのが分かります。時代や生きている社会が違う人間の辛さや覚悟に共鳴することは，まさに時間や空間を超えた対話と言えるでしょう。一方で「敦盛はすごい，自分たちとは違う」と感じることは，生きている時代や社会背景が価値観に影響を与えていることを体感しているという表れでもあります。時間や空間が隔たっても共感できること，また生きている時間や空間が違うからこそ生じる価値観の相違に気づくことで，生徒は「時間，場所，空間」の存在を自覚的に捉えたと思います。またこの段階では，二人の武将の言葉遣いや衣装・装具の描かれ方からもそれぞれのキャラクターがどのように設定されているのかを読み取りました。授業者は二人の武将の設定や特徴が対照できるよう板書の書き方を工夫しました。

第２次板書　各人物の人物像に迫る

(3)第３次　一人称で語る「敦盛の最期」を創作する

　評価対象となる「一人称で語る『敦盛の最期』」の創作は，グループ作業としました。敦盛と直実のどちらの一人称で創作したいかの希望をとり，その希望者内で生徒が３人から５人のグループを作りました。原則としてはオンライン（Office365 OneDrive または Google Docs）で共同編集するように指示をしましたが，使い慣れていない生徒もいたため，話し合い中に手

書きでメモをとり，それを組み合わせる形で編集しているグループもありました。授業内での作業時間は2時間とし，うち1時間は図書館で書籍やインターネットで調べながら作業ができるように設定しました。

　生徒には創作のヒントとして以下のような問いを投げかけました。

・物語をどのように再構成する必要があるだろうか。

・一人称で語り直すことでどのように登場人物の心情や考えに近づくことができるだろうか。

・語られていない部分はどのように想像したらよいだろうか。

・『平家物語』の語り方の工夫や特徴はどのような点にあるだろうか。現代語で語り直す時にはどのような工夫が必要だろうか。

　『平家物語』本文は，三人称の語り手ではありますが，直実側の視点から語られており，直実の心情描写が多くあります。しかし敦盛については直実とのやりとりの中にわずかに言葉はあるものの，その心情については語られていません。全体としては約半分のグループが敦盛を選びましたが，どのように根拠のある創造をするかについては苦心していました。特に敦盛がその死に際してどのような感情を抱いていたのかについては，第2次でも意見が分かれましたが，第3次ではより一層解釈に多様性が出たようでした。

　一般的に「敦盛の最期」の読解では「とくとく首をとれ」に武士の誇りを見る読み方が多く見られますが，生徒からは「本当に死ぬことが怖くなかったのだろうか」「誇りのために死ぬってどんな感じか想像できない」「命より重要なものはあるのか」「本当は死にたくなかったはず。まだ16歳だし，やりたかったこともあったのではないか」という意見が出され，死に対する恐怖と戦った敦盛の心中を思いやる姿勢や，現代の自分たちの「死生観」との違いに対する気づきも見受けられました。こうした読み方は「平家物語の時代が理解できていない」と否定するのではなく，時間・空間を超えて登場人物の心情や葛藤と共鳴していると見たいところです。例えば「命より重要なものはあるのか」と疑問を提示した生徒は，直実に捕らえられて死を覚悟し早く首をとれと口走る敦盛に対して，呼びかけるような気持ちが生じています。ここに「見ぬ世の人」である「敦盛」との対話がなされているのです。

　一方で直実を選んだグループは，本文に心情表現がある程度書かれているので想像しやすいという利点がありましたが，本文の情報をただ現代語に訳すだけにとどまらないために，どう工夫するかが課題となっていました。直実の涙の意味や出家の理由について自分たちでその心情を考え，物語に加えてみようとする試みも行われました。

5　成果物とその評価

　総括的評価は「一人称で語る『敦盛の最期』」の創作と朗読です。評価に際しては次のように本単元の課題に応じたタスクルーブリックを生徒に提示しました。

時	一人称で語る平家物語「敦盛の最期」評価規準（部分）	
	Criterion B Organizing　構成	Criterion C Producing Text　創作
5〜6	登場人物の視点で語るために，場面の順序を考え新たな追加などを工夫している。朗読の際も聞き手への効果を考えて場面展開が明確になるようにしている。	登場人物（語り手となる人物）の心情や人物像が正しく読み取れており，それを表すための文体や言動の表現が整理されている。本文に直接的に表れていない部分も推測して表そうという工夫がある。
7〜8	登場人物の視点で語るために，場面を再構成したり，創作したりする工夫をしている。効果的な始まり方や終わり方を考えた場面構成を行っている。朗読の際も聞き手への効果を考えた意図的な順序を考えている。	登場人物（語り手となる人物）の心情や人物像をよく分析しており，それを表すための文体やリズム，言動が適切に表現されている。本文に直接的に表れていない部分にも読解が及んでおり，それを効果的な表現を使って創作している。

《評価の方法》

　生徒には成果物はグループで評価すること，振り返りは個人で評価することを単元の最初に伝えました。成果物には，クラスメイトと議論する中で作品を読み深めたそれぞれの生徒のものの見方や議論の結果が反映されていると考えます。よって成果物の評価はグループに対して同一の評価としました。以下に掲げるのは生徒の創作した作品の一部です。

《作品Ａ》
語り手　「敦盛」

───「人間五十年，下天のうちをくらぶれば，夢幻の如くなり。一度生を享け滅せぬもののあるべきか」
『人の世の五〇年間は天界の時間と比すれば夢幻のように儚いものだ』
　この勇ましいといわんばかりの鬢が私に武者震いを誘う。今まで清盛公の話は聞いてはいたがこんなにも胸が熱くなることはない。少しばかりのおごりと認めたくない不安が身を震わせていた。
　海の底が黒かった。荒れ狂う戦乱も今，眼に焼き付いている。美しいほどに私の馬は桃色に染まっていた。めまぐるしいほどの波が己の背中を追っているのが分かる。まるで魑魅魍魎追われているように思える。後悔はない。今の私は風の目の前に吹く塵なのかもしれない。
　しかし，今はただ責務を全うするまでである。
　"私は常に笛と苦楽を共にしていた。私の友といえば笛だけなのかもしれない。今こうして戦場に赴くときでさえ笛のことを考えている。しかしそれは名残惜しいというわけではない。私が私であることを証明するためにもこの命尽きるまで精一杯生きてやろうじゃないか。"
　そして眼の縁を拭った。私は勢い良く飛び出した。
　海に足をしずめると，全身が凍り付くようだった。父から譲ってもらった葦毛の馬の美しい毛並みも，丁寧に磨き上げた鞍も，すべてが弱弱しく見えた。味方の舟はもうすでに小さくなっていて，冷たい海を渡ってまで舟にたどり着く気力はもう私にはなかった。遠くを眺めながらため息をつくと，馬がこちらに向かって走ってくる音がした。どうやら一騎のようだ。そのまま振り向かないでいると，「そこにおられるのは大将軍だとお見受けします。」と，声がした。太く，よく響く声だった。戦に出る前，そっと笛を腰に差してくれた父の顔が頭に浮かんだが，すぐに消し去った。平家の者がこのような場面で家族の顔を思い出すことしかできぬとは，情けない。
　（紙面の都合により一部を中略）
　私はこの戦に勝つことはもう無理だ。助けられるよりは首を取られた方が何倍もいい。平家の名に懸けて，潔く首を切られたかった。平家らしい死に方をしたい，そう思っていた。五十騎もの兵との距離は，あとわずかだった。熊谷は涙をおさえて，私に語ってきた。
　「助け申し上げようとは存じますが，私には味方がたくさんいます。あなたはにげられないでしょう。ほかの者に任せるくらいならこの私が供養をして差し上げます。」
　全国津津浦浦へ支配を伸ばし，権力を独占してきた平家の誇りがあることを男は認識していないのか。後悔はない。
　「早く首を取れ」
　私は言った。なぜ男は泣いているのだろうか。躊躇する理由でもあるのだろうか。これは無念の涙なのだろうか。刀をどこにたてたらよいのかわからぬまま，前後不覚になりながらも男は私の首を狙った。後悔はない。私は友を握りしめた。

《作品B》
語り手「直実」

　平家は敗れ，私たちは勝った。敗れた平家方の武士は，助け船に乗ろうと海に向かって落ち延びていくことだろう。立派な大将軍に組み打ちたいものだ，と考えつつ，私は海のほうへ馬を進めた。
　すると練貫に鶴を縫った直垂をまとい，金覆輪の鞍をつけた馬に乗った美麗な武者が一騎，沖の船に目をつけて急いで海に入っている様子がみえた。あれは大将軍ではなかろうか。いいところにいたものだと思い，
　「大将軍とお見受けします。敵に背を見せるなぞ見苦しいことはやめて帰ってきてください。」
　と扇を挙げて手招きしたところ，彼は連銭葦毛を一回転させ，静かに私の方へ向かってきた。
　馬から落ちたところをむんずと取り押え，首を取ろうとしたのだが，よく見ると十六，七の若者で，とても綺麗な顔立ちであった。息子の小次郎ほどの年齢にも関わらず，薄化粧をして歯を黒く染めていた。彼を見て，心の中で父親としての想いと武士としての誇りが一瞬対立したが，結局父性には勝てず，武士の意地はどこかに消えてしまった。彼を助けることにしたのだ。はてこの若者は誰だろう。
　（紙面の都合により一部を中略）
　私は武士だ。人を殺め，戦に勝つことが生きがいである。しかし今は何かが違う。なぜだ。不思議と涙が出そうになる。武士の意地がまた首をもたげた。それを必死に抑え，
　「お助けしたい気持ちなのですが，味方の兵たちが雲霞の如くおります。これでは決してお逃げにはなれないでしょう。他の者の手にかけるのならばこの直実の手にかけまして，後世を祈るご供養をして差し上げましょう」と申し上げたところ，
　「ただ早く，早く首を取れ」
　とおっしゃる。その言葉には，ずっしりと重たい響きと，ほんの少しの揺らぎがあった。あまりに可哀想だ。何処に刀をたててよいかもわからず，目もくらみ分別心も消え果て，前後不覚であったが，私は泣く泣く彼の首を切った。
　ああ，弓矢取る身ほど苦しいものはない。武家に生まれていなければ，このようなつらい目にも遭わなかったものを。無残にも彼を殺してしまった。などと，たくさんの恨みや無念さが入り交じり，どうしようもなく目頭が熱くなった。
　気づけば私は袖を顔に押し当てて静かに泣き続けていた。泣くなぞ武士に似合わぬことよという，武士のくだらぬ意地をどうしても張らずにいられない自分に，悔しさと歯がゆさで胸がいっぱいになり，さらに涙がでるばかりであった。
　やや時間が経って，泣いてばかりもいられないので，彼の鎧直垂を取って首を包もうとしたところ，錦の袋に入れた笛が腰に差してあった。可哀想に。夜明けに城の中で管弦の演奏をなさっていたのは彼らだったのだ。今味方には東国の軍勢が何万騎かあるだろうが，戦の場に笛を持っていく人はいないだろう。上流階級の人はやはり，最期まで優雅なものなのだ。
　感傷に浸りつつ九郎の御曹司のお目にかけたところ，これを見た人の頬には必ず涙が伝うのであった。聞けば，あの時私が殺したのは，修理大夫経盛の息子大夫敦盛といって，17歳の大将軍であった。歳をはるかに超えた気高さを備えていたこの敦盛の一件ののち，私の発心への思いはますます強くなった。

《作品への評価》

作品A：評価規準B　　8　　　評価規準C　　8

授業者のコメント：冒頭部分の工夫を含めて構成の工夫がとてもよい。複数の資料にあたり，敦盛の心情を表すための表現がよく選ばれている。笛が敦盛にとってどのような意味をもつものであったのかを敦盛の語りの中で分かるようにした点もよい。途中で三人称が出てくるミスなどはあったが，全体として敦盛の誇りや死への思いが一貫した表現で語られている。

作品B：評価規準B　　8　　　評価規準C　　7

授業者のコメント：後半の直実の葛藤が丁寧な言葉を尽くして書けている。発表のためにふりがなをふって対応したこともよかった。一部にもう少し時代背景や言葉の意味を考えて適切な言い回しを選べたのではないかという部分があった。

6 振り返りと学びの広がり

　本単元の学習後，生徒には振り返りの視点として後掲のような問いを提示しました。①の視点は時間や空間を超えた対話がなされたかどうかを確認するためのものです。②の視点は時間や空間（社会）が自分たちの価値観に影響していることを確認するためのものです。

　彼らの振り返りの中には多くの「命」や「死」，「生」についての記述が見られ，自分たちのものの見方や考え方が揺さぶられた跡が見えます。時間・空間を貫く価値——人間としての生存欲求・命の尊さを自覚する一方で，人間であるからこそ時代や社会によって規定される価値観があることをこの振り返りは示しています。

《生徒の振り返り》
① 『平家物語』の学習を通して，価値観や人生観，世界観に何か変化はあったか。それはどのような変化か
◆「誇り」という言葉の意味のとらえ方が少し変わった気がする。今までは，自信をもっているというとらえ方だったけれど，自信はないけど最後まで〜らしく（平家らしく）ありたい，プライドがある，意地がある，という風にとらえることもできると思う。
◆幼いころからのある意味での洗脳教育「武士の意地と誇り」によって人生の末路が大きく変わることに改めて驚くと同時に動物としての本能的な生存欲求の強さも感じた。自分が置かれている環境によって死生観や価値観が大きく変動し，生存欲求との釣り合いにも揺れが生じるとわかった。

---

② 『平家物語』の学習を通して，作品に語られている時代と，自分たちの時代の違いや共通点に気づくことができたか。そのような点に気づいたか
◆「死」への感覚が全く違って，今は生きることが当たり前だけれど，昔は死ぬことが当たり前だった。しかし，家族をはじめ，大切な人を想う気持ちは変わらないのだと思う。
◆大きな違いとして，生きること，特に格好よく綺麗に生き抜く絶対的な意志が人口の大半に存在しているか否かということが挙げられる。環境の違いだ。また共通点として，父性・母性など愛情に年代の差がないこと，生存欲求は変わらずあることも分かった。

　今回授業内で扱うことができた章段は「敦盛の最期」に限られていますが，それでも時間や空間を超えて敦盛の覚悟に触れ，直実の悲嘆に共鳴することで自己の人生観・死生観と比較する視点をもちえたと思います。多くの生徒は高等学校段階でさらに多様な古典文学に触れ，歴史に生きる人々の生き方や考え方を比べ，自分が共感できるのはどんな生き方なのかを見つめる機会をもつことになります。

　時間や空間を超えて共感・共鳴することが可能であるということや，自分たちの価値観が時間・空間といった条件によって規定され・生み出されているということに気づいた生徒たちの学びは，古典文学の学習以外においても転移や広がりを見せる可能性があります。例えばそれは「当事者性」の自覚に見ることもできるでしょう。時間を超えて同世代の「敦盛」の葛藤を想像できた生徒は，現代において遠く隔たった国や地域で起きている問題についても「今，そこにいる同世代の誰か」の感情に共感や共鳴することが可能なはずです。

（杉本　紀子）

3 メディアの誘導
―モードの違いを意識した編集活動を解釈にいかす―

1 ユニットプランナー

重要概念	関連概念	グローバルな文脈
形式	スタイル（文体）　目的	個人的表現と文化的表現
探究テーマ		
事実は送り手の意図によってメディア形式に則して再構成される。		
探究の問い		
事実的問い：文字表現と映像表現の特徴の違いは何か。 　　　　　　メディアは何を伝えているのか。 概念的問い：事実はどのようなプロセスを経て受け手に解釈されるか。 　　　　　　送り手の意図は，メディア形式によってどのように解釈されるのか。 議論的問い：送り手の意図によってメディアが表現した情報は事実と言えるか。 　　　　　　なぜ多様なメディアが存在するのか。		
評価のための課題と評価規準		
ニュース報道についての批評文（A分析　B構成　D言語の使用） 複数のメディアから選択した情報の比較分析スライド（A分析　C創作）		
ＡＴＬ		
コミュニケーションスキル：絵コンテの作成において，合意形成を図る。 振り返りスキル：分析を繰り返すことにより，探究テーマへの自身の理解の深化をメタ認知する。		
学習者像		
考える人：単元を通して，メディアとは何かを考え続ける。 コミュニケーションができる人：班学習において，より効果的にニュースの内容を伝える工夫をする。		
学習指導要領との関連		
〔知識及び技能〕 (2)イ　情報の信頼性の確かめ方を理解し，使えること。 〔思考力，判断力，表現力等〕 【C　読むこと】(1)ウ　情報の構成や論理の展開，表現の仕方について批判的に分析し，評価すること。		

2 ユニットのねらい

デジタル情報社会の今日，文字，音声，映像が簡単に編集できるようになりました。私たちは，情報を伝達するための表現手段として，多くの選択肢をもてるようになったのです。さらに，ＳＮＳを活用して世界中に情報を発信することも可能になっています。現代の学習者たちは，情報の受け手であると同時に，マスメディアの有力な送り手なのです。しかし，その反面，個人の趣向にカスタマイズされた情報だけを鵜呑みにする問題も起きています。フェイクニュースによる情報操作の問題がそれです。私たちが日常生活で活用するメディアの特性に対して，無自覚であったことに起因します。

そこで，本単元では，メディアの「形式」や「スタイル」についての概念を促す授業を構想しました。情報に潜む意図や，情報をよりよく伝える方法について，情報の受け手と送り手の両方から探究させたいと考えました。学習者にとって身近なマスメディアである新聞やテレビニュースを利用し，文字情報や映像情報，音声情報を編集し，他者に向かって語り直したり，実際に報道されているニュースをモードごとに分析したりする授業です。

これらの活動を経て，学習者は次の２点について考えを深めることになります。まず，マスメディアの情報はありのままの現実ではなく，受け手が送り手の意図や目的に沿う解釈をするように再構成されたものであることです。次に，送り手は意図的にメディア「形式」や表現の「スタイル（文体）」を選択していることです。メディアの向こう側にいる送り手も一人の「人間」であることに注目することで，日常生活で接する数多の情報に対して，批判的に判断できるようになると考えました。

3 学習のプロセス

1次	1時	文章と写真を組み合わせて，新聞記事を構成する。
	2時	新聞媒体と動画媒体のモードの違いを理解する。
	3〜7時	ニュースを構成するカットがもつ情報を考え，絵コンテを作成する。 個人で編集したニュースをグループで再編集し，ニュースを視聴し合う。
2次	8時	実際に放送されたニュースを視聴し，批評文を書く。
	9時	批評文を読み合い，相互評価する。
3次	10時	トピックを決め，同じメディア媒体同士での報じられ方の違いを分析する。
	11時	トピックを決め，異なるメディア間での報じられ方の違いを分析する。

4 授業の様子

(1)マスメディアのモード①【新聞記事】の編集

　最初に，授業者による映像メディアの特性についての解説を聞いてから，学習者は新聞記事の編集を体験します。新聞記事は，見出し・中心となる写真・リード文・周辺記事で構成されています。周辺記事とリード文だけの新聞記事を読み，見出し・写真・中心となる記事を選択して，記事を完成させる活動を行いました。周辺記事から，自分はどのような論調の文章として記事を捉え，その内容がより効果的に伝わるには，どのような写真や見出しを付ければよいかを考えるのです。

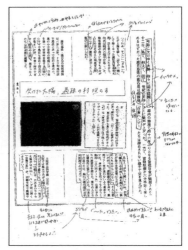

新聞記事の編集　ワークシート

　この活動では，効果的な文章と写真の組み合わせについて探究することにより，新聞記事というメディアの特徴を理解し，写真の映像情報とキャプションによる文字情報の組み合わせによって特別な意味が生じるということを実感できるようになりました。

　新聞記事の編集素材として，教科書教材（『伝え合う言葉３』教育出版）となっている2009年７月22日の皆既日食のニュースを取り上げました。日食は学習者の多くが小学生の時に実際に見たことがありました。授業の導入では，新聞記事の編集活動の前に，実際の皆既日食を撮影した映像と，学習者にとって馴染み深いバラエティ番組『世界の果てまでイッテＱ』（日本テレビ系列）の，皆既日食についての回の映像を視聴しました。これにより学習者は日食という事象自体に大きな興味をもったようでした。

(2)マスメディアのモード②【ニュース番組】の編集

　次に，１分間のテレビニュースを制作します。新聞記事やニュース番組は，プロフェッショナルの記者やテレビマンが，実社会からの様々なニーズをふまえ，個人・団体としての思想信条や企業の理念・信条に基づいて制作しています。学習者は，まず「自分が記者だったら，どういう信条理念のもとに記事を世に送りたいか」を考えました。次に，班ごとに，ニュースで報道する内容の方向性（「46年ぶりの歴史的な天体現象を日本では鹿児島で最も長く見ることができたという誇りと感動」「鹿児島県内での悲喜こもごもの姿」等）を考え，皆既日食に関する静止画８枚のうち４枚を選択し，放送する順番を決めます。そして，それぞれの画像に合わせたナレーションを作成し，１本のニュースをまとめます。グループでの話し合いでは，１人の意見を採用するのではなく，番組の共同制作者として合意形成を目指します。学習者は，それぞれニュースで伝えたいことを話し合い，妥協点や納得できるところまでカットの選択や順番，ナレーションの言葉を精選していきます。

この活動を通して，合意形成を図るためのコミュニケーションスキルをつけるとともに，ニュース制作のシミュレーションを通して，情報の取捨選択があることに気づき，ニュース情報に対する批判的分析できるメディアリテラシースキルを育成することができます。この2つのスキルは実生活でも役立つ資質と言えるでしょう。

<table>
<tr><td colspan="2"></td></tr>
</table>

	カット	ナレーション	秒
1	見えるよ　見えた！ ① 役割と効果 あえて最初に説明のテロップを入れないことで、視聴者の興味をひく。	続いてのニュースです。 (「見えるよ　見えた！」と言う) 今日、午前10時30分すぎ、国内の各地で皆既日食が確認されました。 この世紀の天体現象に、日本国内は大いに盛り上がりました。	10 S
2	② プロミネンス ③ 役割と効果 日食について、少し詳しく説明し、珍しいのだと思ってもらう。	「皆既日食とは、地球と太陽の間に月が位置する天体現象です。太陽が月の影に隠れ、昼間にもかかわらず、その数分間は真っ暗になります。皆既日食が日本で確認できたのは、46年ぶりになりました。 普段は見られない、プロミネンスとよばれる太陽からガスが吹き出る現象が見られました。	20 S
3	強い雨 ④ 役割と効果 起承転結の「転」。 ⑥	一方で、皆既日食が6分半近く楽しめるはずだった鹿児島県の奄美大島では、午前10時すぎから突然の大雨に、集まった人々は次々と体育館に避難しました。	15 S
4	⑤ 役割と効果 見ることができたけど…。ハッピーエンド。見れなかった人も前向きにとじる。 ⑦	それでも、皆既状態の時間帯には辺りが暗くなり、皆既日食を待ち望む人たちからは、大きな歓声があがりました。 東京都からわざわざ訪れた人は、 「こんなに暗くなるんですね、びっくりしました」と言う 「これが経験できただけでも来て良かったです。次に見られるのは、お孫さんのことです。	15 S

生徒の作成したニュースの絵コンテ

このグループでは話し合いの結果，見ることができた事実は多局でも報道されるため，「見ることが出来なかった無念さと前向きに捉える人々の姿」を伝えることにしました。

映像で伝わる情報と音声で伝える情報を分けて考え，メディア形式によって伝わるものが違うことを理解しています。（②④⑤）

8枚のカットからねらいをもってカットを選択，配列できています。（①②③）

「楽しめるはずだった」「わざわざ訪れた」といった言葉で受け手の解釈を誘導しています。（⑥⑦）

実演では，放送局・放送時間帯・視聴対象・放送内容を細かく設定し，その状況や条件にふさわしいニュースにアレンジしました。その後，ジグソー形式で，ニュースの実演を行いました。互いの班の発表を視聴し合い，感想の交流を行います。この活動によって，制作者の意図と異なる，多様な受け手の解釈が生成されることに気づきます。実演後に行う受け手との交流から，どのような表現が自分たちの意図から外れて解釈されたのか，どうすればより的確に伝わったのかを考えます。

学習者はタブレット端末を用いてスライドを並べ替え，受け手に示します。アナウンサーとしてニュースを伝え合う活動を通して，ペアであってもお互いの並べ方が異

なることに気づきます。注目した画像の被写体や，画像の意味のもたせ方など，認識の仕方が，一人一人，違うからです。さらに，他のペアと交流することで，画像の順番が違うだけで画像の意味が変化すること，画像そのもの以上に前後のつながりの影響が大きいこと，画像と言葉だけでは感動は伝えにくいということを理解していきました。

　この活動を経て，編集という行為は限られた素材を組み合わせて，様々な意味を付加することであると理解します。そして，それらの生成された意味のうち，どの意味として受け手が解釈するかは受け手に委ねられていること，ねらい通りに意味を受け取ってもらうには，受け手の反応を想像し，受け手の読みを誘導することが重要であることを理解します。

　学習者は授業ごとの終わりに振り返りを書きます。この振り返りで，生徒は初回に提示された探究の問いに，随時自分なりの答えを書いていきます。「メディアは何を伝えているのか」「事実はどのようなプロセスを経て受け手に解釈されるか」「送り手の意図は，メディア形式によってどのように解釈されるのか」「送り手の意図によってメディアが表現した情報は事実と言えるか」等の問いに対し，この段階で学習者は以下のように答えました。

> 　今まで，テレビが伝えることは「現実」という感じだったが，実は「一意見」なのではないかという気がしてきた。メディアが伝えているものは，「伝え手の物事に対する解釈」だと思う。

　この記述では，メディアが伝えているものの実体および，そこに「意図」が潜んでいることが認識できています。関連概念「目的」に対する理解の深まりが確認できたと言えます。

> 　送り手の意図は，100％そのまま伝わることはない。表現されて，送り手の手を離れた時点で，そこから先はもう受け手の自由で，だからこそ，どのように視聴者に見られているかということをすごく意識して番組が作られていることを知った。

　この記述では，受け手の解釈を誘導する作り手の「意図」の存在と，それが的確に伝わるための「工夫」を理解しています。活動がしっかりと「形式」「スタイル」という重要概念，関連概念の理解につながっていることが読み取れます。

(3)実際に放送されたニュースを視聴して批評文を書く

　8枚の静止画の切り出し元となった実際に放送されたニュース番組（『NHK週刊ニュース』2009年7月25日放送）の映像を視聴し，どのような順番とタイミングで画像が使用されているか鑑賞しました。その際，自分たちが作成したニュースと比較し，編集の仕方やナレーションの内容についての批評文を執筆し，相互評価を行いました。

　実際のニュースでは視聴者をどう誘導したかったのか，映像制作者の意図・事実の切り取り方への解釈を読み取ることができているか，メディアが伝えているのは事実に対する人間の解釈であり，送り手の意図によってメディアが表現した情報は事実と言えるかという議論的問いへの見識を深めることができているかどうかを評価しました。以下は生徒作品の抜粋です。

> 　「実際のニュースではナレーションで写真の文字を読むということはほぼなく，実際の音

が多く入っていたように思う。人々が話している内容を文字でも表して一目見てわかりやすくしたり，その声の様子で気持ちの高ぶりが表現されていた」

「プロミネンスの写真ではどこか幻想的な音楽を用いて皆既日食の美しさを示していた。このBGMは視聴者のニュースのイメージを大きく左右するものであり，誘導に大きな効果がある」

「実際のニュースでは，あえてナレーションを入れない場面を作ったり，あえて間を長くとったりしていた。日食の説明では体言止めを用いていた。実況のように説明を加えるだけでなく，視聴者に語り掛けるような口調や感情的な語彙にも違いがあった」

これらの記述から，実際のニュースではナレーションによる音声情報の他にも，BGMによるイメージの誘導や，あえて喋らず，映像に集中させる「間」の存在，テロップの表示における工夫など，学習者が行った映像の取捨選択や順番決め，ナレーションの挿入の他にも多くの要素があることを読み取っていることが分かります。また，メディアにおける「形式」「スタイル」を構成する要素と，それらが偶然ではなく，受け手の解釈を計算に入れて選択されていることを理解できています。

⑷最終課題：トピックを決め，マスメディアの比較分析を行う

最終課題では，2つの課題を提示しました。

【最終課題①】 同じモード（媒体）同士の比較

ある話題について報じた，異なるものの見方だと感じる，新聞同士やネットニュース同士など，同じメディア媒体のニュースのコピーを用意し，見出し，写真，文章の大きさ（量），位置，内容などから，記事の作成者は読み手にどのような誘導を企図したのか考え，記事の周囲に書き込む。

【最終課題②】 異なるモード（媒体）の比較

ある話題や事件を扱ったニュースの異なるメディア（テレビ，新聞，雑誌，インターネット，ラジオ他）による同じ話題についての記事のコピー（ラジオなど音声だけの場合は，文字起こしした文章を作成すること）を用意し，比較をして気づいたことを記事の周囲に書きこむ。

※提出はPDFかWord，パワーポイントのファイルを原則とするが，紙媒体でも可とする。

5 成果物とその評価

最終課題①を作成した生徒は，「菅総理誕生の記事」について，異なる新聞社の記事の比較を行いました。主に小見出しと写真，記事の内容に注目しています。そして，被写体のポーズや表情を新聞の意図と捉え，新政権に好意的なのか，批判的なのか推測をし，その根拠を本文の内容に求めています。

これは学習者が,「新聞毎に『菅総理誕生』に対する解釈があり,それを「事実」として報じている体裁をとりながらも,『このように受け取ってほしい』という『意図』により,再構成がなされている」という,探究テーマの大部分を獲得し,内在化した分析をしていると評価しました。

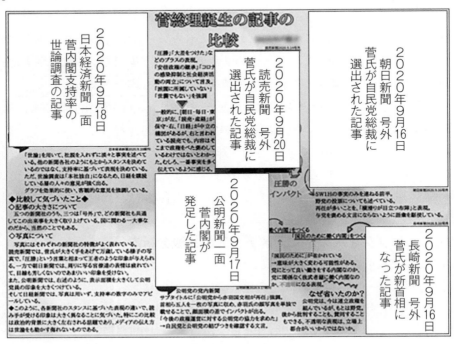

最終課題①　生徒作品

　最終課題②を作成した生徒は「菅内閣の支持率の下落」に対する,新聞記事とテレビのニュースの違いを比較しています。新聞記事では「紙幅」,テレビでは「時間」という制限に注目し,映像で伝えられる情報と文字（音声）で伝えられる情報の量と内容の違いを整理しています。その結果,新聞では重大なニュースの場合,最も伝えたいことを１面に,また内容が１面で収まらない場合,編集者が重要だと思う順に２面３面…と複数の紙面に掲載していることに気づきました。時間と映像の連続性が前提となるテレビのニュースと比較して,多少の読みにくさはあるものの,「欲しい情報のみを選んで入手することができる」という新聞記事の特性を発見しています。一方,音声と映像による分かりやすさと引き換えに,視聴者として送り手の設定した時間に束縛され,自分が必要としない情報を「選んで読み飛ばすことができない」テレビのニュースの特性にも気づきました。

　これは学習者が,「事実の表現の仕方は送り手の選択したメディア形式によって決定される」「事実の情報量や,受け手の情報の獲得の仕方も,送り手の選択したメディアに大きく影響を受ける」「同じ内容の報道でも,メディア形式によって伝える情報は取捨選択されている」といった,探究テーマに肉薄する視座を獲得していると評価しました。

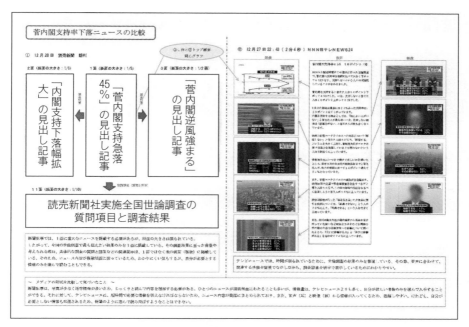

最終課題②　生徒作品

6　振り返りと学びの広がり

　本ユニットでは，新聞記事とニュースの編集，実際のニュースの比較・分析を通して，学習者は情報の送り手・受け手の双方の立場を体験し，次の気づきから探究テーマを理解しました。

　①事実が人に認識され，文字言語や映像表現で他者に伝えられる時に，表現者の意図に基づいた再構成がなされること。

　②文字と映像や音の組み合わせにより，受け手に生じさせる解釈は多様になること。

　③受け手の解釈は送り手の意図したものとはどうしても異なるが，送り手は意図をできるだけ的確に伝えるために，メディアの形式やスタイルを選択していること。

　学習者はSNS等を通して，影響力の大きな情報を発信する立場にいます。また，各教科においても「発信」は表現手段の1つとして欠かせません。膨大な情報があふれる学習環境で，他者から手に入れた情報をすべて「事実」と認識してしまったり，受け手がどのように受け取るかを十分に考えずに発信してしまったりすると，誤った理解や判断に陥ったり，トラブルを招くことになります。

　メディアを介して情報はすべて編集・再構成がなされていることを体験し，総括的課題を通して探究することにより，社会におけるマスメディアの構造を理解し，適切な距離感を身につけるとともに，表現手段として多様な形式を選択できる学習者に必要な「形式」や「スタイル」，「目的」への概念理解を深めることができるでしょう。

（小林　信之）

4 動物の権利と人間の責任
―ジャンルによる主題の伝わり方を探究する―

1 ユニットプランナー

重要概念	関連概念	グローバルな文脈
関係性	ジャンル　登場人物　設定	公平性と発展

探究テーマ
様々なジャンルのテクストの読解や創作がグローバルな問題と自己との関係性を築く。

探究の問い
事実的問い：テクストにはどのようなジャンルがあるのか。 　　　　　　作品の主題を表すために作者はどのような表現の選択をしているのか。 概念的問い：主題の伝わり方はジャンルによってどのように異なるか。 　　　　　　視点を変えることでどのような解釈ができるか。 議論的問い：人間と動物の関係は公正になるだろうか。 　　　　　　主題を伝える上でどのジャンルが効果的か。

評価のための課題と評価規準
形成的評価：【グループ発表】「猿，恩を知ること」を「尼公」から「若き男」に視点を変えて読み解 　　　　　　き，ポスター発表をする。評価規準：A分析 　　　　　　【小論文】評価規準：A分析　B構成　C創作　D言語の使用 総括的評価：「動物の権利，人間の義務を伝える説話を創作」 　動物をめぐる諸問題をテーマにし，人間ができること，意識すべきことを説話の特徴（ジャンル・ 登場人物・設定）を活用して説話を創作する。評価規準：B構成　C創作　D言語の使用

ATL
創造的思考スキル：創作活動を通して，既存の作品やアイデアを独自の作品にいかす。 振り返りスキル：倫理的，文化的，環境的影響を考え，創作するプロセスに焦点を置く。

学習者像
信念をもつ人：創作文を通して，地球上の生物がもつ尊厳と権利を尊重して行動し，自分自身の行動 　　　　　　に責任をもつ人になることを目指す。

学習指導要領との関連
「現代の国語」〔知識及び技能〕(2)ア　視点を変えて主題を捉え直す活動を通して，根拠をもって説得 　　力ある説明をする技術を身につける。 〔思考力，判断力，表現力等〕 【B　書くこと】(1)ウ　自分の考えが的確に伝わるよう，根拠の示し方や説明の仕方を考える。 【C　読むこと】(1)イ　文章に含まれている情報を相互に関係づけながら，自分の考えを深める。

2 ユニットのねらい

　ＩＢの教育に携わるようになってから，なぜ勉強するか？知識を得てどうするのか？を常に考えるようになりました。学びの前提として，かつては大学に進学して，立身出世するため…そのために偏差値を上げることに盲進していた気がします。そして，便利な生活を手に入れたかもしれません。でも，これは「かもしれない」幻だったのではないでしょうか。便利で快適な生活を手に入れることの引き換えに，地球環境に負荷をかけ，様々な格差を生み出し，世界中で問題が山積しています。盲進のその先に何があったのかを考えると，改めて「学びの意義」を問う必要があるでしょう。

　目の前で学んでいるデジタルネイティブの生徒たちは，教師の世代とは全く異なるスキルや価値観をもっています。情報の受信も発信も気軽にでき，双方向のやりとりが当たり前にできる世代だからこそ身についている情報処理能力やコミュニケーション力があります。また，多様な人々との共生，協働が当たり前と捉え，垣根を作らないネットワークの構築ができるのも彼ら世代の特徴であるとも考えています。ですから，新しい世代のもつスキルや価値観をいかして，今までの社会が積み残した課題の解決に向かえるように，生徒たちを育てていかなければならないと考えています。

　さて，2015年に国連によってSDGsが提示され，グローバルな問題が他人事ではなく，「自分事」，「みんな事」であると認識することが増えてきました。また，近年の自然災害に象徴されるように気候変動や地球温暖化が，私たちの命や生活に大きな影響を与えています。そのため，現在の中高生は，国境を越えた地球規模の問題を解決しなければ自分たちの未来の環境はとても過酷なものになるという意識が高く，課題解決に向けて行動しなければならないという自覚があると感じています。また，対話を通して多くの人々とつながり，共に問題解決に奔走する中で得られる豊かさをも心得ています。

　そして，ＩＢの理念と学習者像に示されているとおり，ＩＢの学びのゴールは「地球を共に守る責任を認識し，より良い，より平和な世界を築くことに貢献する人間」となることです。また，ＭＹＰの学習では，「探究」「行動」「振り返り」の学びのサイクルを掲げています。教科における学習でも「重要概念」と「関連概念」によって得られた概念理解を「グローバルな文脈」に落とし込んで，学びを行動につなげていくことを重視しています。ですから，単元計画を考える時に，実社会の現状を鑑み，生徒たちが行動につなげていけるような授業になるよう設計しています。

　今回の単元では，「グローバルな文脈」のうち，公平性と発展に着目しました。最近，野生動物が民家へ侵入する，田畑を荒らすというニュースを見聞きしたり，多頭飼育が問題になっていたりと，動物と人間の関係性を考えることが増えてきました。

そこで，「①ジャンルの特徴を創作にいかせる。」「②動物と人間の関係性について立場を変えて考えられる。」「③社会的背景が作品に反映されている。」という３点をふまえ，『沙石集』巻第八・上「鳥類恩知事」を素材として選びました。

　説話は，人々の間で口承されてきた話をモチーフにしているため，そもそも人間の生活に根づいていて，継承性があります。そして，文学作品として読み継がれることで時空を超えて，普遍的な教訓を現代の読者に伝えてくれます。

　仏教説話である『沙石集』は，社会的背景をもとに人間の愚かさや滑稽さを示唆し，正しく生きることを語り掛けています。また，登場人物は思慮が浅く未熟な人物像であり，いつの時代にも同じような人間がいるものだと読者は身近に感じ，思わずクスッと笑ってしまうことでしょう。まさに，「登場人物や設定」が現代の読者に共感をもたらし，作品の世界に入り込ませる効果をもっていると言えましょう。

　そして，説話という「ジャンル」は社会背景をモチーフにしています。その時に問題視される事態について苦言を呈するのが説話の役割だとすると，その作品を読み解くことはその時に何が起きていて人々がどう生きていたのかということを知ることにつながります。文学が，社会情勢を反映し，間接的に人間の本質や社会のあり方をあらわにする役目を担っていることに気づくことを期待しました。

　今回のユニットでは，下記をねらいとしました。

①説話と新聞において主題を読み解き，主題の伝わり方を検証する。

②小論文と説話を執筆することで，ジャンルが読者にどのような影響を及ぼすのかを体感する。

③動物と人間の関係性を伝える文章としてどのような伝え方が効果的かを考える。

3　学習プロセス

1次	1時	【Brainstorming】（身近な動物，動物をモチーフにした作品をあげていく） ＊ Creative thinking skill
	2～3時	【形成的評価：記述】「鳥類恩知事」を「尼公」の視点で主題を読み解いていく。 ＊ Communication skill（reading, role play）
	4～8時	【形成的評価：グループ発表】「鳥類恩知事」を「若き男」に視点を変えて読み解いていく。（グループワーク，発表）＊ Collaboration skill
	9時	古典の中の動物を知る。
2次	10時	動物をめぐるニュース（新聞記事を読み解き，議論）
	11～12時	動物の権利について考える。 ＊ Reflective skill（倫理的，文化的，環境的影響を考える）
	13～14時	【形成的評価：小論文】「動物の権利を人に近づけることによる影響や効果」について，2,000字以内で述べる。　＊ Creative thinking skill

3次	15時	【総括的評価：創作文】「動物の権利，人間の義務を伝える創作文」タスクの目的や評価規準などの説明。創作は課題として家庭で取り組む。 ＊ Creative thinking skill，Reflective skill
	16時	振り返り・作品の相互評価　＊ Reflective skill

4 授業の様子

⑴文化的背景をふまえて読み解く【形成的評価：主題を見つけ記述する】

　『沙石集』巻第八・上「鳥類恩知事」を仏教思想に触れながら読み進めていきました。「尼公」という母親の視点で読み解くことで，主題となる「受けた恩に報いる」ことの教訓性を理解しました。猿の恩返しという題名との関連性や母から子へという点でも生徒たちは納得の様子でした。また，親や師を殺す世の中を鑑みてこのような話が語り継がれていたという社会的背景を知ることで，説話というジャンルの意義や特性の理解につながったようです。また，人々を説得する力を説話がもっているということにも意識を向けられました。

⑵視点を変えて読み解く【形成的評価：グループによるポスター発表】

　登場人物の「若き男」の立場で作品を捉え直してみるという手法を試みました。狩りのついでに猿を一匹捕らえ家の柱に縛り付けていたところ，「若き男」は母親の言いつけにも従わず，周囲の者たちも「若き男」に逆らえないような状況が描かれています。親の小言を快く思わない年頃の高校生には共感できるところでもあるでしょう。そして，「若き男」にも何かしらの言い分があるのでは？と思わずにいられないところに着目しました。

　授業では，「若き男」が猿を捕らえた目的を見出し，「若き男」の行為が「悪」と言えるのかどうかをグループで検証しました。その際，仮説を立て本文から読み取れることや社会的背景などを根拠に自分たちの考えを述べることを意識させました。

　説得力があった３つのグループのポスター（抜粋）を下記に紹介します。実際には手書きでポスターを作成し，スクリーンに映しながら生徒たちが説明するスタイルでプレゼンしました。

グループA：【善】	グループB：【悪ではない】	グループC：【悪】
目的 「食用」「見世物」として 根拠 ◆現在でも伊豆では猪，鹿が捕獲されて食されている。 ・鎌倉時代，猪，猿，野鳥が主な食糧だった。 ◆現在，伊豆の国は猿が多く観光スポットになっている。 ・昔から猿を見世物にする風習があったのでは？（猿回し） ・鎌倉時代，馬の守り神として厩につながれていた。	目的 農作物を荒らす猿を駆逐した 根拠 ・地頭である ・家来が恐れる存在 ・猿を縛り付ける慈悲深いとはいいがたい性格 →土地の管理を任されている責任ある立場であり，厳格な性格。田畑を荒らす猿の存在を見過ごすわけにはいかない。 →田畑を守る！	目的 ○ご利益のため ○ペット △食べる ◎珍しいから 理由 →適切な保護ができていないため，どんな目的であろうと悪 →倫理的な判断

「食用」と捉えるグループAの一人の生徒は，「狩りしけるついでに」という表現に着目して「狩りに出かけたのは，食用の獣を得ることを目的としていると読み取れるため，賛成できる。」という意見を出していました。他に，「猿はあくまでもついでに過ぎないのでは？偶然の産物だ。」という意見も出ました。さらに，「若き男」の性格を根拠にした説明や猿にまつわる風習を根拠にした説明を通して，「見世物にする」という意見に納得する生徒も多くいました。

　「悪ではない」と捉えるグループBでは，「地頭という立場に着目したことによって若き男の人物像が明確になった。」など本文の表現を丁寧に読み解くことの重要性を再認識した生徒もいました。また，「野生動物による農作物被害という点で現代の問題にもつながる。」など時空を超えた社会問題のつながりを指摘した生徒がいました。そして，グループCの発表を評価した生徒から「根拠を掘り下げて示す必要はあるが，猿などの動物を神の使いや面白いからといって捕まえる行為は，人間の自分勝手さだと思った。」という振り返りのコメントがありました。

　グループAは，今と昔との「関係性」という視点で，「現在」と「鎌倉時代」において猿がどのような扱いをされているのかと，自分たちの見解をまとめました。そして，グループBのような「田畑を守る」という見方が出てきたのは，「場所」と「人間」という「関係性」に着目して考えています。「関係性」の概念は，その場所でどう生きていくのかを考えさせ，自分たちの環境や生物を守ることと結びつくことも含意していることに気づかされました。

(3)動物をめぐるニュースを通して議論する

　前時までに「関係性」は，その時，その場所で，人間がどう生きているのかという生き方と関わる概念であることを理解しました。そして，「ジャンル，登場人物，設定」という観点で作品の特徴を分析することで，説話が読者に対して感情的に揺さぶる力があることも気づけました。

　次に，新聞記事における主題の伝わり方を探究しました。4つの新聞記事をジグソー形式で読み，議論をしました。すると，動物を観察する対象として捉えることや，動物を伴侶として接することからも，「動物と人間」の関係性において，人間が主導権を握っていて，人間の支配欲や所有欲という欲望が根本にあるということが読み取れました。

【使用した記事】

●朝日新聞2019年3月13日付「若桜のシカ，寂しき胃袋」
●朝日新聞2019年4月5日付「ペットも家族の一員　同じ墓入りたいけど…」
●朝日新聞2019年4月18日付「『うちの子』になった犬猫たち」
●朝日新聞2019年4月22日付「絶滅動物よみがえる？」

記事に対する意見交換では，
　○動物と人間の関係に矛盾が多いこと
　○ペット，使役動物，展示動物，畜産，野生など，動物の分類が多岐にわたること

など，人間と動物の関係性がとても複雑で，その背景には文化的な要素や社会的背景が絡んでいることが分かりました。すると，生徒たちは頭を抱えてしまいました。それは，どこまで動物を人間と同じような扱いをするべきか，ということです。当然人間と動物は異なる存在であることは理解していても，ペットのように家族の一員として人間扱いし感情移入

していくことに違和感を覚え始めたのです。動物に人間と同様な権利を与えていくことで守っていくことの是非や，権利を与えるべき動物の境目はどこなのか，次々と疑問が生まれました。そこで，次の議論的問いである「人間と動物の関係は公正になるだろうか」へと発展していきます。

　また，新聞の特徴として，５Ｗ１Ｈが明確に示されています。その点は，比較的説話の書き出しと共通していますが，出来事の登場人物については脚色や誇張はされていません。事実に基づいて説明的に述べられていることによって，主題がはっきりと伝わってきます。ですから，読者の主観が入りにくく，感情的な読みは抑えられ，冷静に事実を判断することができます。矛盾に満ちた人間と動物の関係を客観的に捉え，自分の考えを深めるためには，説話よりも新聞の方が適切と考えました。そして，主張を明確に述べるという点で，次の小論文へとつなげました。

5　成果物とその評価

⑴動物の権利は人間と同じ!?【形成的評価：小論文】

　もし人間が欲望のまま動物をコントロールする世界が当たり前になってしまったら，生物多様性は崩れ，地球の環境すら変えてしまい兼ねません。そして，そのツケはいずれまた人間に降りかかってきます。では，動物とどのような関係性を私たち人間は築けばよいのでしょうか。そこで，「動物の権利の世界宣言」を読み解いていきました。すると，人間と同様な「権利」が動物にもあることを知ったものの，「動物と人間は対等なのだろうか」「動物に権利を与える目的が理解できない」など意見が出されました。続いて，「人間と動物の関係は，公正になるだろうか」「どのような基準で動物の権利を制定すべきか？」という観点で話し合いをしました。話し合いのまとめとして，２つの資料を参考に，「動物の権利を人に近づけることによる影響や効果」について述べる小論文を形成的評価として課しました。

【使用した資料】

●朝日新聞2014年２月12日付「『賢いイルカ』は特別か」
●動物の権利の世界宣言（1978年，ユネスコ本部，パリ）

《生徒例》（90分制限で手書きで記述。評価規準Ａ・Ｂ・Ｃ・Ｄで評価）

> 　時代の流れとともに動物と人間の関係は変わっていき，今現在動物は権利を得たことにより，人間に近い存在となってきている。この関係の移り変わりによる影響や効果が数多くあるのだ。「動物が人間に近づく」ことの影響を二つの視点から述べたい。
> 　最初は，動物が人間のように「存在」する権利を得たことに重点を置く。権利を得るということは，動物の存在が人間によって認められたり，一定の行動を許可してもらうことを意味する。例えば，「動物の権利の世界宣言」には「動物が等しく生存の権利を持つ」という一文がある。この動物の権利は良いことだと考えられる。この権利に人間による自然破壊を抑制する力があるからだ。動物に権利があるために守られた良い例として，イエローストーン国立公園が挙げられる。（中略。その後，下記の点について述べられている）
> ●動物が人間と同じような扱いを受けるという視点でペットに服を着せることを挙げ，産業の発展と自然破壊につながること。
> ●ペットフード産業によって水，化石燃料を使用し，温暖化効果ガスを排出しているなど環境に負荷をかけていること。
> ●野鳥をめぐる叔母との会話をもとに学びを得た経験。
> 　動物に権利を与えるだけでは何も変わらない。人間は自然の成り立ちを動物の権利とともに理解し，自然を通して動物を支える役割があるのだ。
> 　最後に，人間は自然の力によって地球に生まれてきた「種族」であることを忘れてはいけない。人間が動物と違う進化を遂げたからと言って自然をコントロールすることはできないのである。だから，動物に「権利」を与えて人間に近づけたとしても，自然と動物の関係は人間の思う通りにはならないのである。我々にできる最善のことは，進化した生物として自然のサイクルを乱さぬように，そして動物の生態系に干渉し過ぎないことである。そうすればきっと動物も人間も住みやすい世界が育まれていくから。

(2)動物の現状を知ってほしい！【総括的評価：説話の創作】

　動物をめぐる問題の背景には，人間のライフスタイルや所有意識が影響しています。動物と人間のより良い相互関係，共存を目指していくことが，生物の命を守り，種の多様性を維持し，豊かな地球環境を作り出すことにつながります。そして，動物を取り巻く環境の問題を知り，私たちができることを実践していくことが地球で生きる人間としての義務だと考えます。そこで，『沙石集』で学んだ説話の特徴を利用して啓発することにしました。読者の感情を揺さぶることができる説話を創作することで，より多くの人に自分の考えに賛同してもらい，協力してもらうことを意図しました。

《生徒例》（説話の創作＋解説をパソコンで作成。評価規準Ｂ・Ｃ・Ｄで評価）

> 「失い奪う」
> 　1928年9月27日，日本にいる虎は絶滅した。これは日本にいる最後の虎の話である。
> 　今は昔，東京都のとある森にて，3人の男が虎の密猟に出かけた。なにせ虎は皮を剥げば上流階級の人々がその模様の美しさに高値で買う。おまけに内臓や骨は漢方薬になり，これまた金になる。
> 　一人の男，名をラトマスといい，虎狩りにやる気に満ちていた。また一人の男，名をドンイといい，虎狩りに臆病になっていた。そして一人の男，名をアシネといい，虎狩りには反対だが，家族のためにやむなく森へ足を踏み入れる。ラトマスが皆に，「虎がいたらすぐに知らせろ。必ず俺が仕留めてやる」と言うと，二人の男は返事をした。
> 　一方その頃その森に住む日本で唯一の虎，リアウは異変に気がつく。「空気の匂いが変わった」と危険を察知し，場所を移動した。しかし匂いは強くなる一方で，音も聞こえる。「ここで人間を殺さなくてはならないのか」とリアウは悟り，意を決して人間達を迎え撃つ。（紙面の都合上，割愛します。）
> 　虎を殺せば富は得ることができるかもしれない。しかし富を得るのには別の方法でも良いのではないのか。また富を得るのと同時に大事な命，仲間，心，権利を失ったり，奪ったりしていないだろうか。

　この生徒作品では，2018年9月27日にインドネシアで絶滅危惧種のスマトラトラが罠にかかり死骸で発見されたニュースと遠足で訪れた上野動物園で見た絶滅危惧種のポスターの情報が素材となっています。トラの絶滅の背景には，住みやすい環境を目指し大規模な環境破壊を行っていることや漢方薬や美しい毛皮のために密猟が行われているという，人間の身勝手な生活

の営みがあることを訴えています。そして，人間は動物たちの生命をいとも簡単に操れる力を既に有していることや動物の殺生に歯止めが効かなくなる人間の性に気づいてもらえるよう登場人物像に工夫を施しました。無知な人間，行動を起こさない人間，金儲けに走る人間をそれぞれの人物に見立てたようです。また，実際に起きたインドネシアのトラのニュースの日付よりも，100年前の話として設定しました。このような悲劇が起きたのは実は100年も前の人間の生活が関係していることを示唆し，人間が自分たちの生活を顧みないままだと100年後にはさらに生物が絶滅している可能性があることを暗示しています。このように『沙石集』で学んだ「登場人物・設定」をいかしながら，自分の主張を織り込みました。

　説話の素材探しの中で，様々な動物が危機に瀕していて，そこには私たち人間の価値観や経済活動が大きく関わっていることを再認識したようです。このように世界中の現状に目を向け，自分たちのライフスタイルを振り返ることで，どう生きていくべきかどう世界と関わるべきかを考えることにつながりました。

6　振り返りと学びの広がり

　文学的な説話と非文学的な新聞を読み解くことから，自分の主張を伝えるためにはどのような手法が適切かを考えてもらいました。そして，小論文と創作した説話をクラスメイトに読んでもらうことで，その反応の違いを体験しました。2つのジャンルに触れその特徴を見出すことは，多様なニーズに対応するスキルを身につけることにもつながります。この単元を通して，読者や状況，内容に合わせてアプローチを変えていくことがいかに効果的であるかを生徒は実感できたことでしょう。

　また，動物の権利は，人間の関わり方や人間の欲望と関わっているからこそ人間が責任をもって決めなければならないという気づきがありました。その一方で，「動物の権利」自体も人間が主体となって決めているだけだから動物にとって何がベストなのか分からないといった声も聞かれました。新たな価値観，自分とは異なる考えに触れた生徒たちは自分自身の動物の捉え方や関わり方を振り返りながら，動物の生息環境と人間生活の共存の矛盾に葛藤したことでしょう。そのことによって，自分なりの価値観が構築され「信念をもつ人」へ近づいていったのではないかと考えています。そして，後々，里山づくりのボランティア活動へ参加した生徒たちや環境問題を自分事に捉える活動団体を立ち上げた生徒たちもいるので，この単元の学びが間接的に寄与しているかもしれません。今後の課題としては，生徒をワクワクさせ，行動につなげる単元をいかに作り出すか，グローバルな問題と向き合う授業づくりに今後も挑戦していきたいです。

（熊澤　ほづみ）

おわりに

　ＭＹＰの魅力を多くの先生方に伝えたいと動き出したのが2018年でした。2019年に『「探究」と「概念」で学びが変わる！中学校国語科　国際バカロレアの授業づくり』を発行し，おかげさまで第二刷も出すことができました。

　そこで，もっと日本の学校での具体的な実践を紹介したいと取り組んだのが本書です。中学1年から高校1年までの各学年のＭＹＰ実践を，重要概念を軸に章立てしてまとめました。同じ重要概念でも，学年に応じて様々な探究テーマの立て方があることや，従来の国語科の定番教材でも新鮮な切り口の授業方略があることをご覧いただけたと思います。

　本書の企画が動き出した2020年は世界中がコロナ禍に見舞われました。突然の休校宣言が出され，学校現場ではこれまでになかった新たな対応に追われました。そのような中でも，執筆陣として14名の先生方がお集まりくださいました。定期的にZoomミーティングを開き，実践を紹介し合い，議論を重ね，お互いに深く学び会う機会をもつことができました。執筆陣の先生方に深く感謝申し上げます。また，私たちの思いを理解し，ご尽力くださいました明治図書の木山麻衣子編集部長には，心からの敬意と感謝の念を申し上げます。

　本書は国語科教育における新たな地平を拓くものではありますが，国語科だけでは概念理解は成立しません。教科ごとの学習内容を概念で有機的につなぐことで，学習者の頭の中で学びの全体像が体系づけられて，普遍的な理解が構築できるのです。これは，現行の学習指導要領で求められているカリキュラム・マネジメントです。国語科はすべての教科のベースとなる教科です。目の前にいる生徒たちは他の教科ではどんなことを学んでいるのか，その内容はどんな概念で国語科とつながるのか，好奇心のアンテナを立てて考えてみてください。教師同士の主体的な対話から新しくワクワクするような深い学びが生まれることでしょう。本書がそのきっかけとなることを願っています。

　2021年10月

中村　純子・関　康平

参考文献一覧

国際バカロレア機構（2015）『MYP：原則から実践へ』

国際バカロレア機構（2015）『MYP：「言語と文学」指導の手引き』

ウィギンズ，マクタイ著　西岡加名惠訳（2012）『理解をもたらすカリキュラム設計－「逆向き設計」の理論と方法』日本標準

エリクソン，ラニング，フレンチ著　遠藤みゆき他訳（2020）『思考する教室をつくる概念型カリキュラムの理論と実践：不確実な時代を生き抜く力』北大路書房

中村純子，関康平編著（2019）『「探究」と「概念」で学びが変わる！中学校国語科　国際バカロレアの授業づくり』明治図書

＊本書は国際バカロレア機構の認定を受けたものではありません。

【編著者紹介】
中村　純子（なかむら　すみこ）
東京学芸大学教育学部准教授。博士（教育学）。

関　康平（せき　こうへい）
開智日本橋学園中学・高等学校国語科教諭。

【執筆者紹介】（所属は執筆当時）
関　　康平　　開智日本橋学園中学・高等学校教諭
　　　　　　　＊第1章1
中村　純子　　東京学芸大学准教授
　　　　　　　＊第1章2, コラム①②③④
白井　大介　　広島県立広島叡智学園中学校・高等学校教諭
　　　　　　　＊第2章1
矢田　純子　　玉川学園教諭
　　　　　　　＊第2章2
福島　浩介　　立命館宇治高等学校教諭
　　　　　　　＊第2章3
坂本　　樹　　ぐんま国際アカデミー中高等部教諭
　　　　　　　＊第3章1
小塚　真央　　開智日本橋学園中学・高等学校教諭
　　　　　　　＊第3章2
高橋七浦子　　大阪女学院中学校高等学校教諭
　　　　　　　＊第3章3
首藤　律子　　ぐんま国際アカデミー中高等部教諭
　　　　　　　＊第4章1
横田　　哲　　高知県立高知国際高等学校教諭
　　　　　　　＊第4章2
井上　典明　　奈良育英学園育英西中学校・高等学校
　　　　　　　ＩＢ（ＭＹＰ）コーディネーター
　　　　　　　＊第4章3
影山　　諒　　東京学芸大学附属国際中等教育学校教諭
　　　　　　　＊第4章4
浅井　悦代　　東京学芸大学附属国際中等教育学校教諭
　　　　　　　＊第5章1
杉本　紀子　　東京学芸大学附属国際中等教育学校主幹教諭
　　　　　　　＊第5章2
小林　信之　　大阪教育大学附属池田中学校教諭
　　　　　　　＊第5章3
熊澤ほづみ　　加藤学園暁秀中学校・高等学校教諭
　　　　　　　＊第5章4

国語教育選書

「探究」と「概念」で学びが深まる！
中学校・高等学校国語科　国際バカロレアの授業
プラン

2021年11月初版第1刷刊　Ⓒ編著者　中村純子・関　康平
　　　　　　　　　発行者　藤　原　光　政
　　　　　　　　　発行所　明治図書出版株式会社
　　　　　　　　　http://www.meijitosho.co.jp
　　　　　　　　　（企画）木山麻衣子（校正）有海有理
　　　　　　　　　〒114-0023　東京都北区滝野川7-46-1
　　　　　　　　　振替00160-5-151318　電話03(5907)6702
　　　　　　　　　ご注文窓口　電話03(5907)6668
＊検印省略　　　　　　組版所　藤　原　印　刷　株　式　会　社
本書の無断コピーは，著作権・出版権にふれます。ご注意ください。

Printed in Japan　　　　　　ISBN978-4-18-285914-4

もれなくクーポンがもらえる！読者アンケートはこちらから